K-한국영화

스토리텔링

일곱 가지 영화형식

지은이

김용희 金容嬉, Kim Yong-Hee

이화여대 국어국문학과를 졸업하고 동 대학원에서 석 · 박사 학위를 취득했다. 1992년 『문학과사회』 겨울호에 문학평론으로 등단하면서 문학적 글쓰기를 시작했다. 저서로는 문화평론집 『기호는 힘이 세다』(1999), 『우리시대 대중문화』(2005), 『사랑은 무브』(2012), 영화평론집 『천개의 거울』(2003), 문학평론집 『천국에 가다』(2001), 『페넬로페의 옷감 짜기』(2004), 『순결과 숨결』(2006), 『꿈이었을까』(2008), 『쿨앤웜』(2009), 연구서 『정지용 시의 미학성』(2004), 『한국 현대 시어의 탄생』(2009), 소설집 및 장편소설 『란제리 소녀시대』(2009), 『화요일의 키스』(2010), 『향나무 베개를 베고 자는 잠』(2013), 『해랑』(2014), 『나의 마지막 첫경험』(2017), 산문집 『밥이 그리워졌다』(2020) 등이 있다. 현재는 소설가, 문학평론가이자 평택대학교 공연영상콘텐츠학과 교수로 재직 중이다.

K-한국영화 스토리텔링 일곱 가지 영화형식

초판인쇄 2023년 11월 15일 **초판발행** 2023년 11월 30일

지은이 김용희

펴낸이 박성모 **펴낸곳** 소명출판 **출판등록** 제1998-000017호

주소 서울시 서초구 사임당로14길 15 서광빌딩 2층

전화 02-585-7840 **팩스** 02-585-7848

전자우편 somyungbooks@daum.net **홈페이지** www.somyong.co.kr

값 17,000원

ISBN 979-11-5905-846-2 03680

K-한국영화 스토리텔링

일곱 가지 영화형식

김용희 지음

들어가며

이야기가 영화에서 가장 본질적이라는 것에는 두말할 나위가 없다. 나의 존재와 나를 둘러싼 이 사회와 세계, 세상과 관계 맺는 우리의 방식에 대하여 영화는 이야기한다. 그런 점에서 영화 분석이 처음 문학 서사 분석에 빚지고 있었다는 것은 놀라운 일이 아니다. 일찍부터 문학 연구를 뒤좇아 분석의 도구들을 확보하려는 많은 시도가 있었다. 내러티브, 서사의 진행과 사건 사이의 관계, 등장인물, 윤리와 이데올로기, 작가(혹은 감독)의 세계관과 미적 교리랄 수 있는 예술관, 이러한 것이 영화 분석에서 지극히 자연스러운 픽션 분석이 되어왔다.

그럼에도 영화는 문학과 다르게 카메라의 움직임, 프레이밍, 대사, 조명, 음악, 음향 등에 의해 '보여지는 그대로의 세계를 양식적으로 변형시키고 있는' '기술적 실제'임에는 틀림없다. 영화의 양식은 모두 의미론적 기호로 존재한다. 카메라 앵글은 사람과 사물 사이의 관계, 인간과 세계와의 관계를 재구성하고 이미지화한다. 가령, 누군가 세상에서 버려졌다는 슬픔을 보여주기 위해, 카메라는 흑백처럼 희미한 강변에서 한량없이 바람에 흔들리는 버드나무를 롱숏으로 보여준다. 숏의 기법, 숏의 결합, 카메라 워킹과 앵글 등은 영화 의미를 만들어내기 위한 필연적 방식이다. 영화의 양식들은 영화내용이자 영화형식, 바로 그 자체인 것이다. 영화 스토리텔링 분석이 단순히 내러티브 분석에 그칠 수 없는 것은 이와 같은 이유에서다.

이 책은 최근 글로벌 영화 현장에서 주목받고 있는 한국영화 일곱 편의 스토리텔링을 분석한 연구서이다. 한국영화가 품고 있는 영화 양식적인 측면이 영화 스토리텔링을 어떻게 구성하고 또 그것에 어떻게 기여하고 있는가를 살펴보고자 했다.

봉준호 영화 〈기생충〉에서 서브 텍스트로서의 한국적 상징과 국가적 알레고리를 분석해 보았다. 이를 통해 영화 〈기생충〉이 한국인으로서의 정체성에 대한 환기와, 로컬리즘을 넘어 글로벌 보편적 정서에 가닿고 있는 과정을 천착해보았다.

박찬욱 영화 〈아가씨〉에서는 이중적 중첩 구조라는 '새로운 3막 구성'이 박찬욱의 세계관이라고 할 수 있는 '인간 욕망 탐구'와 '실존 탐색'에 어떻게 기여하는가를 찾아보려 했다.

임순례 영화 〈리틀 포레스트〉에서는 한국 사회의 청년들이 직면한 현실과, 대안 정치의 한 단면을 보여주는 킨포크 문화를 '시간 양상'을 중심으로 살펴보고자 했다. 근대 산업 문명을 이룩한 근본적 기제로서의 '근대적 시간'과 그와 대비되는 '몸의 시간'을 분석하고 '시간예술'로서의 영화구성에서 '생명체의 시간'이 어떻게 영화적 시간으로 구조화되는지에 대하여 살펴보려 했다.

이수진 감독 〈한공주〉에는 스토리텔링 구성으로서의 시간 구조와 카메라 기법핸드 헬딩, 오버 더 숄드 숏, 트래킹 숏을 분석해 보고자 했다. 이와 같은 영화 기법이 어떻게 영화 의미와 정서에 기여하는가를 살폈다.

이재용 영화 〈죽여주는 여자〉는 '모성성'에 대한 단순한 이데올로기적 찬반을 넘어 영화가 갖고 있는 대립되는 이념들의 충돌과 전복, 그리고 체제 저항의 한 방식과 의미를 르네 지라르의 고대신화적 세계관 "폭력과 성스러움"을 원용해 분석했다.

강풀의 웹툰 〈이웃사람〉과 그것을 영화화한 김휘 영화 〈이웃 사람〉을 비교하면서 웹툰의 영화화 과정에서 나타난 매체 변이 과정을 살피려 했다. 감독의 새로운 편집과 전략이 어떻게 대중적 성공으로 이어지게 되었는가를 밝히는 글이다.

마지막으로 장준환 영화 〈지구를 지켜라〉와 기예르모 델 토르 영화 〈판의 미로〉를 기법적인 측면에서 비교해보았다. 두 영화 모두 판타지물이면서 역사 기억을 환기하고 있다는 점을 전제로 제도권적 정서와 감수성을 벗어난 혼종hybrid과 기괴함이란 마이너적 정서가 어떤 영화적 기법으로 구현되는가에 주목하고자 했다.

K-한국영화의 영화형식을 분석하면서 최근 트랜디한 세계문화의 "한 현상"으로 부각되는 한국영화의 특징적 지점을 세 가지로 모아보면 다음과 같다.

첫째, 공적 영역집단 경험 안에서 개인적 주체의 새로운 미학성을 담아내고 있다는 점이다.

최근 K-팝과 K-무비·드라마에 대한 세계적인 관심의 증폭은 오래전 프레드릭 제임슨Fredric Jameson의 논의를 환기시킨다. 프레드릭 제임슨은 1986년 논제에서 "모든 제3세계 문학은 필연적으로 민족적 알레고리national allegory로 읽어야 한다"다국적 자본주의시대의 제3세계 문학(Third-World Literature)고 주장한 바 있다. 19세기 말 20세기 초 제국주의시대 식민경험을 가졌으며 서구에 의한 급격한 근대화를 경험할 수밖에 없었던 역사적 체험을 전제할 때, 제3세계 텍스트는 의도하든 하지 않았든, 개인적인 이야기와 경험이 궁극적으로 집단 자체의 경험을 포함하지 않을 수 없다는 논지가 그것이다. 이후 프레드릭 제임슨의 논제는 오리엔탈리즘적인 이분법을 환기시킨다든가, 제3세계 문화텍스트의 다양성을 도외시한 일반론적 관점이라는 탈식민의자들의 무수한 비판을 받아왔다.

하지만 K-대중문화가 현재, 글로벌 문화현상이 되고 있는 이 시점에서 이 논제는 새로운 관점을 제공해준다. 제임슨의 논제가 20년이 지나 도리어 제3세계 영화에 대한 새로운 가능성을 제시하는 주장으로 읽히는 것은 아이러니하면서도 흥미롭다. 제3세계의 창조 활동이 최근 글로벌 문화의 주류에 적극적으로 유입되고 있는 현상에는 분명 제3세계의 경계성이 더 이상 경계적이지 않다는 것을 드러내는 표징이다. K팝은 말할 것도 없고 K-무비·드라마에서 〈기생충〉, 〈오징어게임〉의 폭발적인 흥행과 아카데미상, 에미상 수상, 한국 이민자 삶을 다룬 영화 〈미나리〉의 아카데미 여우조연상 수상, 이민자 삶을 다룬 영화 〈에브리씽 에브리 웨어 올 앳 원스〉의 동양인 최초 아카데미 여우주연상 수상 등, 제3세계 문화는 새로운 매체를 통한 문화적 지형에서 세계문화의 또 다른 주류로 변화하고 있다는 사실이다. 흥미로운 것은 최근 세계문화가 주목하는 제3세계문화는 국가민족적 알레고리, 혹은 국가민족적 정체성을 전제로 한 공적 영역의 의미를 환기시키고 있을 뿐 아니라, 새로운 개인적 주체의 미학성을 보여주고 있다는 점이다. 이를테면, 영화 〈기생충〉은 저자의 글에서 언급한 바대로 국가적 알레고리, 국가적 정체성을 서브 텍스트로 이면에 깔면서 민족적 알레고리가 어떤 방식으로 글로벌 문화와 접점으로서 향유될 수 있나를 실험하는 흥미로운 문화 경험을 제공해준다. 가장 한국적인 요소들, 학력 중시 사회의 고액 과외, 인맥을 중시하는 한국적 정서, 독도를 둘러싼 한일관계, 북한의 핵 공격에 대한 무의식적 정치적 공포 등을 암시하면서도 예술적 미니멀리즘으로 지어진 대저택과 정원, 글로벌한 상품벤츠 자동차, 휘슬러 프라이팬, 삿포로 맥주 등과 학습된 교양과 제국주의 언어로서의 영어의 일상화를 환기해보자. 이들을 둘러싼 라이프스타일은 제3세계 혹은 로컬주의의 경계를 넘어서 글로벌 문화의 보편화를 드러내는 표식이 되고 있다. 다국적 자본주의사회에서 국가민족적 알레고리로서 로컬리즘과 공적 영역으로서의 집단적 정체성은 세계화적 의미에서 새로운 대안적 미학으로서 강렬한 전복적 힘을 가진다.

둘째는 한국형 가족주의와 가족애가 갖는 잃어버린 공동체에 대한 환기라는 점이다. 할리우드 갱스터 영화의 대표격이라 할 수 있는 〈대부〉프란시스 포드 코플라 감독, 1973를 비롯해 갱스터 무비에 관객이

끌리는 이유는 갱스터 조직이 갖는 유대감이 어떤 향수를 불러일으키기 때문이다. 자본주의 조직체와 마찬가지로 이윤을 추구하지만 그럼에도 조직원들 사이에 신뢰와 의리는 전근대의 공동체 유대와 규범이 존속한다는 점을 환기시킨다.

미국의 역사에서 '미국의 꿈'은 이민자의 나라 미국의 정체성을 설명하는 중요한 근간이 되어왔다. 구대륙인 유럽과 영국을 떠나 신대륙으로 온 초기 개척자들은 원대한 희망과 신념을 안고 대서양의 거친 물결을 지나 신대륙에 도착했다. 그들이 가슴에 품었던 '미국의 꿈'은 구대륙에서 박해받은 바, 종교적 자유로서의 청교도적 이상, 계몽주의를 바탕으로 한 인간의 이성과 기독교적 신에 대한 사명으로서의 자본주의라 할 수 있다. 초기 개척자들에게 직업과 일은 신에 대한 사명과 봉사였다. 대비될 것 같은 청교도주의와 자본주의는 이렇게 상호관련성을 가지고 있다. 이 두 가지 이념이 미국 문명을 건설한 근원적 동력이자 중요한 원동력이라 할 수 있다.

하지만 시간이 지날수록 청교도주의 이념은 쇠퇴해가고 자본주의는 물질주의로 변해갔다. 초기 개척자들이 가지고 있던 이상적 낙원을 위한 공동체의식은 해체되었다. 민주주의 평등과 개인의 권리나 자유를 추구하던 미국 역사의 초기 모습은 극단적 개인주의, 가족의 해체와 물질적 부패로 나아갔다. 피츠 제럴드 소설 『위대한 개츠비』는 몰락하는 '미국의 꿈'을 보여준다. 개츠비는 낭만적 열정과 순수한 이념을 가진 청년이지만 물질적 성공만 하면 사랑하는 연인 데이지와의 재회가 가능할 것이라고 생각하는 미국식 '낭만적 천진함'과 동시에 실용적 물질주의를 보여준다. 개츠비가 사랑했던 데이지는 물질적으로 타락하고 정신적으로 메마른, 즉 세속적이면서도 정신적으로는 미성숙한 어린아이 같은 여성이었다. 데이지는 물질적 안락과 사치에 익숙해 인생의 목적 없이 하루하루를 보내는 속물적 물질주의의 분신인 셈이다.

자유로운 삶과 새로운 가치를 추구하던 근대가족은 세속적 물질주의로 인해 공간적 '이동성'이 높아지고 가장의 구속력은 더욱 약해지게 된다. 이로 인해 근대 가족은 분열되고 흩어지게 되는데 영화 〈아메리칸 뷰티〉샘 멘더스 감독, 2000는 미국 사회의 물질주의로 가족이 철저하게 붕괴되었다는 것을 극명하게 보여준다.

공동체적 연대감과 오래전에 이별한 미국식 개인주의가 '마블류' 영웅 액션물〈존 윅〉 시리즈, 〈어벤져스〉 시리즈, 〈분노의 질주〉 등에서 문명의 피로감을 씻어내리고 있었다면 여전히 공동체 기억이 강한 한국식 문화관습은 가족공동체라는 불가능하지만 잠재적 유토피아적인 규정을 버리지 않고 있다. 한국 가족주의 구성은 제국주의에 의한 식민체제, 한국 전쟁과 분단, 군사독재와 산업화 속의 IMF라는 격동적인 근대사의 기억 속에서 형성되어왔다. 한국 현대사에서 '유랑민족'이라는 가족 수난사 정서는 우리 민족적 심리에 중요한 구성요소가 된다. 사회와 국가는 어떤 것으로도 개인을 구원할 수 없다는 위기감 속에서 가족은 유일한 위안이다. 개인을 보호해줄 수 있는 상상적 준거인 셈이다.

〈오징어 게임〉에서 기훈은 엄마의 당뇨 말기 치료비 때문에 게임에 참여한다. 〈기생충〉에서 사기를 치거나 혹은 지하실에 숨어 살아도 가족만은 최후의 보루인 양 비밀과 신뢰를 공유한다. 가족은 여전히 신성한 가치인 것이다. 그런 점에서 미국영화 〈리틀 미스 선샤인〉조나단 데이턴·발레리 페리스, 2006은 해체되는 가족을 붙들려는 '가족 공동체'에 대한 마지막 안간힘처럼 느껴진다. K-한국영화가 글로벌 문화현상으로 향유되는 중요한 요인 중 하나는 이러한 아직은 파괴되지 않은 공동체로서의 가족, 전근대적 가치와 믿음에서 찾을 수 있다.

셋째, 인간 내면 심리를 시각화시키는 섬세함 묘사와 구도 기법, 디테일한 미장센을 들 수 있다.

박찬욱이 서구평론가들로부터 미장센의 대가로 칭송받고 '결점 없는 시각적 스타일'을 구가한다는 평가를 받는 것은 잘 알려진 사실이다. 그는 폭력과 잔혹함마저도 미학화하고 스타일화함으로써〈친절한 금자씨〉, 〈올드 보이〉 1990년대 말 서구 영화계에서 '동양극한'이라 불렸다. 박찬욱의 스타일은 공포감을 주는 영화적 감정을 정돈하고 공포의 미학화를 가능하게 한다. 영화 〈아가씨〉에서 낭독회장의 격자무늬 창과 마지막 선실에서 정확하게 겹쳐지는 데칼코마니적 대칭은 고전주의적 절도와 품위를 상징한다. 목매고 죽은 이모의 검고 긴 머리카락과 하얗게 날리는 벚꽃잎, 낭독회장에서 음서를 읽는 히데코의 선명한 붉은 색 입술과 히데코 방의 음울한 초록색 벽지. 대조와 대립의 칼라는 격정적인 인간 욕망의 실존과 그리스 비극에서의 운명을 환기한다.

영화 〈한공주〉에서의 핸드헬딩과 오버 더 숄드 숏, 트래킹 숏은 불안함과 정처 없음, 세상의 냉담함으로 인해 무심하게 버려진 한 소녀를 이미지화하고 있다.

봉준호 〈기생충〉에서 보여주는 '사선', '수직', '하강' 구도는 인물의 상황과 내밀한 심리와 정서를 표현하는 극적 구성 요소가 된다. 정교하고 뛰어난 미장센은 단순한 볼거리가 아니니다. 등장인물과 내러티브를 구축하는 중요한 형상물들이다. 프레임 안의 시각적인 것미장센은 영화 전체의 분위기와 주제와 인물의 내면을 이미지화한다. 디테일한 화면구성은 영화 의미와 메시지를 전달하는 메타포이며 정서와 심리를 드러내는 섬세한 이미지인 것이다.

서구 영화가 블록버스터 영웅주의와 판타지적 액션, 게임적 서사와 상상력에 기대고 있는 사이 K-한국영화는 훨씬 섬세한 인간 내면의 미시적 심리상황을 표현주의 미장센과 스타일로 보여주고 있다. 모든 인간은 끊임없이 동요하고 변화한다. 자연계에서 고정되어 있는 것은 아무것도 없다. 그중에서 인간은 가장 유동적인 존재다. 웹 3.0시대, 극자본주의와 고도의 기술사회가 인간을 어떤 미래로 데려갈지 알 수 없는 불안한 설렘 속에서 인간은 결국 영화 안에서 '인간의 내면'을 발견하기를 원한다. 인간이란 선과 악이라는 윤리적 이분법 이전에 인간과 인간 사이의 '관계'와 '감정'과 '정서'에서 욕동하는 실체라는 것. K-한국영화는 볼거리의 극대화로서의 영웅적 판타지보다 은유로서의 미장센과 스타일을 영화의 내러티브로 선택한다. 결국 영화는 인간 내면의 양식화이며 그 양식의 형식인 셈이다.

책을 묶으려는 이 순간, 한량없는 부끄러움과 부족함을 느낀다. 책을 만드는 저자가 감당해야 할 필연적 중력감이겠지만, 매번 책을 낼 때마다 중량감은 더 배의 무게로 존재를 압도한다. 그것을 견디며, 인내하며, 책은 나오는 것이리라.

부족한 원고를 책으로 출간해주고 교정과 편집에 애써주신 소명출판 사장님과 편집부 여러분들께 고개 숙여 감사를 전한다.

2023. 11

김용희 쓰다

차례

제1장

서브 텍스트로서의 상징과 국가적 알레고리

봉준호 영화, 〈기생충〉

1. 영화 서사 전략으로서 서브 텍스트

영화 〈기생충〉이 자본주의사회 양극화와 계급 문제를 전면화시키고 있다는 점에 대해서는 논란의 여지가 없는 듯하다. 〈기생충〉에 대한 수많은 연구와 비평은 이 영화가 동시대 한국인의 삶에 파고든 계급성의 문제를 노골적으로 파헤치고 있다고 언급[1] 한다. 신자유주의 자본주의시대 부의 격차는 더욱 격렬해지고 있다. 계급화의 경계는 더욱 선명해지고 있다. 영화 〈기생충〉이 우리나라뿐 아니라 세계적인 공감대를 얻은 성공적인 성취는 이런 체제에 대한

---

1 이다운, 「영화 〈기생충〉 연구－희비극으로 재현된 계급 공존의 불가능성」, 『어문연구』 Vol.101, 어문연구학회, 2019; 정하제, 「기생충적 삶의 지속, 혹은 전복」, 『공연과리뷰』 25(1), 현대미학사, 2019.7; 정현경, 「평등의 몰락에 대한 영화적 대응과 의미－영화 〈설국열차〉와 〈기생충〉을 중심으로」, 『비평문학』 (75), 한국비평문학회, 2020.3; 손성우, 「영화 〈기생충〉의 욕망의 자리와 환상의 윤리」, 『영화연구』 81, 한국영화학회, 2019; 성일권, 「중산층의 계급탈락 공포와 증오의 일상성, 그리고 상징폭력－영화 〈기생충〉에 나타난 부르디외의 구별짓기 개념들」, 『한국프랑스문화학회 학술발표 논문집』 No.2, 한국프랑스문화학회, 2019.

고민과 갈등이 세계적으로 보편화되어 있다는 반증이기도 하다.

그러나 이 영화는 1960년대 이념으로서의 계급비판, 계급혁명을 위한 리얼리즘 형식을 비껴가고 있다. 선명한 이분법으로 재현되는 부자와 빈자 사이의 선악 개념, 즉 추악하고 탐욕적인 자본가 대對 선하게 착취당하는 노동자라는 이분법의 윤리를 전복시킨다. 〈기생충〉에서 부자는 예의 바르며 심지어 착하다고 표현되는 데 반해 빈자는 위선적이고 기만적이며 이에 대한 어떤 양심의 가책도 없다. 이런 방식에 대하여 일각에서 이 영화가 재현 과정에서 심각한 문제를 지니고 있다고 언급[2]하기도 한다. "부자와 빈자를 공간적으로 분리하고 빈곤계층을 식민주의적 시각언어로 재현해서 하층계급을 무가치한 생명으로 치환"하고 있다는 것, 계급적 타자에 대한 후각적 재현이 가난에 대한 공통 감각을 만들어내서 "가난의 무게를 상쇄하고 체제 유지에 복무하게 한다는 것", "결과적으로 가난을 물화시키고 소외시키는 결과를 초래한다"[3]는 것 등이다. 이렇게 영화 재현 방식을 '재현의 윤리'라는 관점에서 접근하는 것은 결국 영화가 수용자를 고려해야 하는 예술이기 때문이다.

이와 같은 입장은 영화가 예술이 갖는 환영주의illusionism와 자기반영성self-reflexivity 사이에 영원한 긴장관계[4]에 놓여 있다는 것을 떠올리게 한다. 영화는 '무엇을' 재현할 것인가라는 '대상의 의미'를

---

2 한송희, 「가난 재현의 정치학」, 『언론과사회』 28권 1호, 언론과사회학회, 2020.

3 위의 글, 5쪽.

4 로버트 스탬, 오세필 · 구종상 역, 『자기 반영의 영화와 문학』, 한나래, 1998, 27쪽.

넘어 대상을 '어떻게' 반영할 것인가라는 재현 방식에 대하여 끝없이 고민하는 매체[5]이다. 그것은 재현 윤리, 재현 정치의 문제로 나아가게 한다. 영화와 정치의 관계에서 영화는 태생적 자본주의 생래 속에서 탄생했지만 부르주아 지배문화 속에서 "영화 속 정치적 노선을 선택한 이들은 영화라는 수단을 통해 정치적 행위를 구현"[6]하려 해 왔다. 부르주아 문화에 의한 위선적 진실을 벗겨내고 그 문화가 갖는 고착된 한계점에 이의를 제기하려 한다.

봉준호 감독은 그의 필모그라피에서 다양한 방식으로 사회적·정치적 상상력을 구현해왔다. 그것은 단순히 지배문화, 조악한 대중문화에 대한 반대, 계급투쟁이나 지배정치·문화 헤게모니에서 우리 자신을 해방시키려는 이분법적 주장과는 거리가 있다. 감독은 그의 정치적 입장에 앞서 영화 재현의 문제, 즉 '어떻게'라는 문제에 좀 더 집중했다. 그와 같은 그의 예술재현에 대한 고민이 그의 영화를 단순한 '리얼리즘 형식'을 넘어서게 한다. 그는 정치에서 영화로 접근하는 것이 아니라, 영화에서 정치로 접근하려 한다. 그의 영화가 한국 관객뿐 아니라 세계 관객에게 깊은 여운을 남기는 영화로 각인된 데에는 '새로운 재현의 형식'을 선택한다는 데 근거하고 있다. 이러한 표현 구조가 영향력을 가지며 영화 전체 내러티브에 정

5 영화의 자기반영성이란 영화적 태도로서의 자기반영성, 즉 스스로가 인공물, 재현물이라는 것을 드러내는 영화적 태도를 뜻한다면 영화 환영주의는 영화적 일루젼으로서 영화미학을 의미한다.

6 프란체스코 카세티, 김길훈 외역, 「정치, 이데올로기, 교차」, 『현대 영화 이론』, 한국문화사, 2012, 63쪽.

치적 영향을 던지게 한다. 그의 영화는 이야기하거나 행동하기 때문에 가치가 있는 것이 아니라 도리어 강제성이 없는 언어를 사용함으로써 교육적이고 예시적인 차원을 넘어서게 한다.

봉준호 감독은 표현 구조에서 효과적인 양식과 기법을 선택하고 있는데 그것은 상징과 알레고리라 할 수 있다. 그의 영화는 노골적 정치적 메시지 대신 디테일한 미장센과 에피소드로 가득 차 있다. 영화 안에서 하나의 의미작용을 넘어서 현실을 재현하며 두 개의 겹 그림을 그려놓으려 한다는 것. 즉 그것은 메인 텍스트와 서브 텍스트라 할 수 있다. 메인 텍스트의 의미를 넘어서는 또 다른 의미의 서브 텍스트, 그것이 곧 상징과 알레고리로 작용하며 관객에서 이중의 겹 그림, 이중의 겹 텍스트를 배치한다. 이와 같은 이중의 텍스트는 독자에게 동시체험의 풍성한 경험을 제공한다. 표면 아래 깔려 있는 그림자로서의 의미, 이차의미라는 의미 작용은 공간적 배치, 카메라 워킹, 수많은 미장센과 대사에 의해 구현된다. 서브 텍스트로서의 상징과 알레고리 기법이 봉준호 감독이 자신의 정치적 상상력을 드러내는 재현 방식이며 현실을 '기록'하는 방식이다.

리얼리즘 영화에서 이데올로기 비판으로서 계급투쟁 방식이나 전형화된 인물의 재현을 찾으려는 태도는 영화를 6·8 이전의 방식으로 보는 태도에 불과하다. 6·8 이전까지 영화는 정치와 연관되어 정치적 노선을 표방하지만 6·8 이후 영화의 작동 방식은 전복된다.[7] 영화는 더 이상 투쟁의 도구가 아니다. 폭넓은 토론의 장이며 함축된 정치적 의미를 찾는 미학적 영역이 된 것이다.

봉준호 영화에서 계급적 모순에 대한 문제 제기는 엇박자의 희비극적 방식으로 그리고 선악의 경계가 모호해진 혼합의 방식으로 드러난다. 〈기생충〉에서 일반적 생각과 달리 상류계급은 젠틀하며 하류 계급은 생존을 위해 체면과 윤리를 방기해버린다. 다국적 자본주의 진행 속에서 무산자들의 좌절감은 체제에 대한 전복과 대항을 꿈꾸기보다 위장과 위선으로 유산자에게 기생하는 방식을 선택한다. "인간의 고유 의식영역마저 자본에 의해 침탈당했기 때문"[8]일까. 자본주의 시스템 체제에 대하여 비판 능력과 저항 의식마저 상실했기 때문일까. 후기 자본주의 시스템하에서 체제를 비판하는 영화미학의 방식은 이제 새로운 형식을 찾게 되었다. 봉준호 영화가 전통적 리얼리즘 영화라 할 수 없는 지점도 여기에 있다. 전통적인 마르크스주의 리얼리즘이라는 종래의 소박한 환원론과 형식주의적 관점의 한계를 넘어서고 있다. 지나친 인위성이나 의미의 편협성이라는 한계를 넘어서 새로운 블랙코미디적 환상의 요소를 드러낸다. 즉 그의 영화는 '환영주의'의 윤리적 저항에도 불구하고 '자기 반영성 영화미학'에 좀 더 무게를 둔다는 점이다. 이렇게 본다면 영화 〈기생충〉에서 부자와 빈자의 전형을 뒤집어놓은 것에 대한 몇몇 기존의 비판 의견은 좀 더 재고의 여지

---

7 위의 책, 258쪽.

8 이경덕, 「이론 / 욕망과 서사—프레드릭 제임슨의 리얼리즘론」, 『문화과학』 3, 문화과학사, 1993, 127쪽.

가 있어 보인다. 그의 영화는 리얼리즘 형식을 넘어서려는 리얼리즘 영화처럼 보이기 때문이다.

덧붙여 봉준호가 "포스트 386세대"[9]라는 점에 주목해볼 필요가 있다. 이들은 대학운동이 활발했던 1980년대 초중반 이후 대학생활을 한 세대로 이데올로기의 대립이나 이분법적인 흑백논리를 넘어, 상대적으로 자유롭고 다양한 문화적 혜택을 누렸다. 그의 정치적 상상력이 '탈리얼리즘'의 노선을 보이는 것도 이와 같은 세대론적 특징을 반영한다. 마르크스 비평에서 '알레고리'는 구체성으로서의 세계를 구현해내지 못한다는 이유로 리얼리즘 형식으로는 부족하고 미숙한 기법으로 논의되곤 한다. 그러나 봉준호는 오히려 이러한 알레고리와 상징 기법으로 소박한 재현을 넘어선 또 다른 형식의 리얼리즘을 재현하고 있다고 보여진다.

상징과 알레고리는 혼용되면서 고대 수사학 전통을 이어받아 문학적 '비유'의 한 형식으로 통용되었다. 괴테시대 이후 오늘날 보편적으로 통용되는 개념 규정이 이루어졌다고 할 수 있는데 그에게서 상징 개념은 "특수한 것이 보편적인 것을 드러내되 보편적인 것의 한낱 그림자로서 드러내는 것이 아니라, 온전히 탐구될 수 없는 대상의 생생하고 순간적인 발현을 통해서" 드러나는 어떤 것[10]이다. 즉 상징은 온전히 포착될 수 없는 종교적 계시나 승화된 의미

9 박재홍, 『한국의 세대문제』, 나남, 2005, 69쪽 참조.

10 임홍배, 「괴테의 상징과 알레고리 개념에 대하여－총체성과 감각적 구체성의 변증법」, 『비교문학』 No.45, 한국비교문학회, 2008, 103쪽~104쪽.

의 완결성으로서 단순한 표현형식이 아니라 '이데아'나 보편을 직관할 수 있는 '총체성'이 된다. 이후 상징은 수사학적 전통의 연장선에서 보편적인 예술이념의 차원으로 사유하게 되었다. 이에 반해 알레고리는 현상을 하나의 개념으로 바꾸고 그 개념을 형상으로 바꾸는데 남김없이 형상을 온전히 표현해 낼 수 있는 것으로 규정된다. 즉 알레고리적 형상은 감각적 구체성을 지니지만 개념이 현실과의 관계에서 내포하는 다양한 함의는 감각적 구체성이 허용하는 범위 내로 제한될 수밖에 없다. 이와 같은 연유로 상징에 비해 알레고리는 풍부한 함의가 제한되며 예술가의 정신을 자족적인 폐쇄성 속에 가두어버리게 된다. 형상화 대상과의 생산적인 교섭을 가로막기 때문에 예술적 상상력을 제약한다.[11] 상징과 알레고리는 넓게 보아 비유Metaphor의 개념에 다 포함된다 할 수 있지만 이와 같은 개념 차이를 지닌다.

이 글에서는 지시하는 것과 지시되는 것 사이 유비적 관계에서 좀더 폭넓은 의미를 함유하는 것을 상징으로 두고, 지시하는 것이 지시되는 것과 의미 지칭이 1 : 1의 관계성을 가지는 것을 알레고리로 규정하려 한다.

이 글에서는 봉준호 영화 〈기생충〉에 나타난 서브 텍스트로서의 한국적 상징과 국가적 알레고리를 살펴보려 한다. 또한 그것이 다국적 자본주의시대 사회적 상상력으로 보편화될 수 있는지 살

11 위의 글, 105~106쪽.

펴보겠다. 이를 통해 영화 〈기생충〉이 한국인으로서의 정체성에 대한 환기와 더불어 로컬리즘을 넘어 어떤 방식으로 세계인의 보편적 감수성에 맞닿을 수 있었는가를 살피는 것이 이 글의 목표점이 된다.

2. 서브 텍스트로서의 한국적인·한국스러운 것의 상징과 미장센

영화에는 표면에 드러나지 않는 저류가 플롯의 액션 바로 밑에 흐르고 있다. 서브 텍스트는 표면 아래 흐르면서 캐릭터들의 행동 동기를 진정으로 유발시키는 정서와 사고의 내면 텍스트라 할 수 있다. 서브 텍스트[12]는 메인 텍스트를 보완하고 메인 텍스트를 이해하는 데 중요한 감정과 생각과 동기들을 전달한다. 서브 텍스트는 캐릭터가 의식적으로 알고 또 원하지만 드러낼 수 없는 문제와도 연결되어 있다.[13]

겉으로 드러난 인물의 말과 행동의 이면에는 표면에서 전달하는 정보 이외에 인물의 욕망과 무의식이 담겨 있다. 그것은 외면화된 사건 저변에 숨겨진 인물의 감정 혹은 정서와 관련되면서 영화

12 '~밑에, 아래의'의 뜻인 'sub'가 '본문, 원문'이란 의미를 지닌 'text'와 합쳐진 서브 텍스트는 영화의 텍스트, 즉 지문과 대사 안에 숨겨진 내면의 독백, 생각 혹은 심리적 움직임을 말한다.

13 린다 카우길, 이문원 역, 『시나리오 구조의 비밀』, 시공아트, 2003, 331쪽 참조.

주제에도 기여하게 된다. 그리하면 영화는 서브 텍스트를 통해 관객으로 하여금 캐릭터들이 원한다고 말하는 것 이면에 놓인 진정한 필요를 보게 한다. 등장인물의 행동과 행간에 숨겨진 진실, 이것이 내면의 심리 상태이며 내면의 텍스트, 즉 서브 텍스트라 할 수 있다. 영화는 캐릭터의 욕망과 필요를 장면으로 혹은 대사 이면에 깔려 있는 감정으로, 오가는 시선으로 드러내곤 한다. 영화 감독(혹은 영화작가)은 텍스트 속 대사나 지문 안에 숨겨진 등장인물의 생각을 외적으로 형상화시키면서 자신의 스타일과 생각을 주입시키게 된다. 그런 점에서 '이중적 의미double untender'가 부가된 서브 텍스트 안의 다양한 이미지와 의미[14]를 읽어낼 필요가 있다.

봉준호는 자신의 필모그라피에서 언제나 강력한 서브 텍스트를 배치해왔다. 그것은 외면화된 사건의 충돌과 갈등 안에 깃들어 있는 내재화된 감정, 정서, 이미지들이며 그것이 곧 영화의 주제에 기여하는 밑그림이다. 1986년 화성 연쇄살인 사건을 모티브로 한 영화 〈살인의 추억〉2006은 군사독재와 그에 대한 저항이 격렬했던

14 "대사를 통해 등장인물이 진정 말하고자 하는 것은 무엇인가? — 실제 대사를 말하기 전에 대사 '바꿔 말하기(Paraphrase)'를 해보는 것은 고전주의 연극이나 시에서 사용되는 고도로 고양되고 상징적인 언어로 이야기할 때 많은 도움이 된다. (…중략…) 연인이 "우리 정원 산책이나 할까?라고 말한다면 아마도 그 마음 속에 정원 산책이라는 단어는 아예 없을 수 있다. 그는 소위 '이중적 의미'가 부가된 서브 텍스트 안에 다양한 성적 이미지들을 사용하고 있다." Yeaton, Kelly, *Subtext : The Internal Struture of Acting*, Penn State Uni, 1976. 허은희, 「영화와 여성－여성영화의 서브 텍스트 연구」, 『영상문화』 Vol.8, 부산영화평론가협회, 2006, 52~53쪽 재인용.

1980년대를 시대적 배경으로 삼고 있다. 메인 텍스트로 살인사건이 일어나는 중에 계속해서 틈입하는 시퀀스들, 이를테면 반복적으로 시행하는 민방위훈련과 등화관제, 시위 진압 작전에 동원되느라 살인사건 현장에 투입되지 못하는 전경들, 대통령의 지방 순시를 환영하기 위해 동원되는 소녀들의 이미지가 영화의 결정적 순간 사이에, 무심한 듯 그러나 날카롭게 삽입된다. 무엇보다 1986년, 부천경찰서의 권인숙 성고문 사건에 대한 뉴스가 흘러나오고 뉴스를 보며 한국 경찰을 비난하는 대학생들을 술집에 함께 있던 형사가 군홧발로 짓이길 때 관객은 1980년대 군부독재의 군홧발을 연상하지 않을 수 없다. 화성연쇄살인사건은 80년 광주, 이념갈등, 고문치사, 8·7항쟁, 아시안게임과 88올림픽이라는 정치·경제적으로 급변하는 한국정치사회라는 시대적 배경과 겹쳐지고 있다. 이와 같은 계속적인 겹그림인 화성 연쇄살인 사건의 상위에는 한국 사회의 구조적 폭력이 있다는 사실을 알게 된다. 폭력의 주체를 구체적인 범인 개인에게로 소급해서 설명하지 않으려는 이 영화의 선택은 그런 맥락에서 이해된다. 화성 연쇄살인 사건의 범인은 죄 없는 국민들을 구타, 고문, 고문치사했던 군부독재라는 시대적 상황, 그 자체이며 이것이 영화 속에 깃든 핵심적 주제라는 것을 알 수 있다.

봉준호 영화에서 서브 텍스트로서의 의미들은 그의 다른 영화에서도 강력하게 메인 텍스트에 영향을 미친다. 〈괴물〉에서 '미국 지배하에 놓인 한국이라는 정치적 상황', 〈설국열차〉에서 '자본주의 계급투쟁'이라는 서브 텍스트가 강력하게 영화의 주제 의식을 견인해간다.

영화 〈기생충〉은 "독점자본주의의 진행으로 전 세계가 점차 하나의 체제로 화해가는"[15] 가운데 계급구조의 갈등과 충돌, 인간 주체의 물상화 진행이 제1세계뿐 아니라 제2세계, 제3세계에 더 깊숙이 널리 퍼져 있다는 것을 알게 해준다.

영화는 빈부의 양극화라는 메인 텍스트 속 내면에 동아시아 한국의 문화, 풍습, 취향, 정체성을 상징적으로 재현해낸다. 이를테면 많은 연구자와 평론가들에 의해 이미 언급되어 온 '계단', '냄새', '반지하 방 / 이층 양옥 / 지하실'이라는 공간 시각적, 후각적 상징 외에 수도 없이 등장하는 서브 텍스트로서의 상징들을 환기해 볼 수 있다.

영화 초입부, 기우의 친구 민혁이 기우의 집에 방문해 주고 간 선물, 산수경석을 받아들고 기우는 경탄하며 말한다. "와아, 이거 상징적이네."

흥미롭게도 이 대사에서부터 영화의 미장센, 디테일 곳곳이 상징이라는 암시를 던져준다. 기우의 대사는 영화에서 상징이 시작되는 오프닝 멘트처럼 느껴진다. 박 사장 집에 기정과 기우가 과외선생으로 취업이 된 후 기택 가족은 기사식당에서 한식뷔페를 먹는다.

---

15 이경덕, 「이론 / 욕망과 서사―프레드릭 제임슨의 리얼리즘론」, 『문화과학』 3, 문화과학사, 1993, 407쪽.

기정 아빠, 대리기사할 때 벤츠도 몰아봤나?

기택 벤츠는 대리보다 발렛할 때 그때 해봤지.

기정 아하, 아빠 발렛 뛴 적 있었지.

충숙 그치, 치킨 망하고 대만 카스테라 오픈 전에. 그 사이, 한 6개월?

기택 아니지, 대만 카스테라 망하고 했지.

기우 (뭔가 알아차린 듯 기정을 보며) 그럼 우리 바로 진행하는 거야?

기정 (득의만만하게) 내가 그 집 벤츠에 쓰윽 셋팅을 하긴 했거든.

기우 (감동한 목소리) 그럼 시작하는 거네. (감탄하며) 와, 이거 진짜 상징적이다.

기우의 대사가 끝나자 카메라가 패닝panning으로 돌아가며 뷔페 식당 유리창에 붙은 '기사식당'이라는 글씨를 보여준다. 기사식당은 한국만이 있는 독특한 식당이며 한국적인 것을 상징한다. 기택이 곧 박 사장 집의 기사가 되리라는 것을 복선으로 보여주는 장면이다. 여기서 기우가 말하는 "진짜 상징적이"라는 대사는 영화 서브 텍스트로 보여주는 미장센과 에피소드가 얼마나 상징에 기대고 있나를 드러내는 또 하나의 상징적 멘트라 할 수 있다.

한국이란 나라에 대한 사회적 상상력은 영화에서 모두 서브 텍스트로, 한국적인 것의 상징으로 등장한다.

처음 민혁이 기우의 집에 방문했을 때 민혁은 자신의 할아버지가 갖고 계시던 것이라며 할아버지의 선물을 전해준다. 산수경석,

커다란 돌 안에 산수가 그려진 듯 문양이 그려져 있다. 수석은 한국인들의 오랜 취미 중의 하나이다. 돌 안에서 수많은 사물들이 숨을 쉬고 있다고 생각하는 돌에 대한 믿음은 한국 고유의 종교, 애니미즘적 숭배를 드러낸다.

명문대생 민혁이 갈 예정인 미국 교환학생 프로그램은 한국 대학생에게 필수과정이나 다름없는 일반적 풍속이다. 민혁이 본인은 미국 교환학생으로 나가야 해서 과외를 기우에게 맡기고 싶다고 하자 기우는 의아해하며 민혁의 학과 친구에게 과외를 왜 맡기지 않냐고 말한다. 민혁이 대답한다.

> 기우야, 니가 군대 가기 전에 두 번, 군대 다녀와서 두 번 종합 네 번의 수능을 봤잖아. 문법, 어휘, 작문, 회화, 솔직히 씨발, 잉글리쉬? 니가 열 배는 더 잘 가르칠걸? 매일같이 술 처먹는 대학생 십새끼보다?

위의 씬은 한국에서 대학생 고액과외를 하는 풍습, 한국 대학생들의 음주문화, 학벌과 상관없이 세속화된 욕설과 욕망으로 가득한 명문대생, 소개로 과외선생 자리를 얻는 풍습, 대학 재학증명서·졸업증명서 위조가 만연할 만큼 강렬한 학벌에 대한 선호를 시사한다.

기우가 박 사장 집으로 올라가는 오르막 주택가는 전철역에서 먼 고급주택가 평창동, 성북동, 한남동 주택가를 연상시킨다. 박 사장 집 현관문이 열리고 카메라는 기우의 뒷모습을 줌으로 잡으며 그의 발걸음을 따라간다. 기우는 다시 양쪽으로 대나무를 줄지어 심어놓은 계단을 오른다. 카메라는 계단을 올라가는 기우의 시선을 따라가며 기우의 눈 앞에 펼쳐진 광경을 잡게 되는데 계단을 다 오르자 기다렸다는 듯 건축학적 조형과 예술성으로 잘 지어진 대저택의 풍광이 나타나게 된다. 그리고 다시 카메라는 기우의 시선에서 패닝으로 360도 가까이 돌면서 대저택을 두르고 있는 잘 손질된 잔디밭과 정원수들을 보여준다. 경이로움 속에 젖은 기우를 현실로 깨우는 목소리가 등 뒤에서 들려온다. "안녕하세요?" 다혜의 어머니라고 여겨질 만큼 세련된 귀부인. 그녀는 다혜의 어머니가 아니라 그 집 집사 문광이다. 집안은 예술혼이 깃들어 있을 법하게 귀한 티가 나고 세련되고 화려한 듯하지만 절도 있는 인테리어로 꾸며져 있다.

한남동 부촌 주택가, 전철역과 거리가 있고 오직 차로만 다녀야 하는 정원 있는 대저택에 살면서 흰털로 가득한 강아지 세 마리를 키우고 거실에 스튜디오에서 찍은 커다란 가족사진을 전리품처럼 걸어두고 기사가 모는 번쩍거리는 벤츠 리무진을 타며 아이티 사업으로 신흥 부자가 된 상류층이 자신들의 자본과 문화 헤게모니를 전승하기 위해 자식들의 입시에 물심양면으로 아끼지 않는 모습, 그야말로 한국 상류층의 라이프스타일을 대변하는 한국적 상징이라 할만하다. 자본가계급의 자녀는 차별화된 교육을 통해 외국어와 예술 같은 문화자본을 수월하게 습득하고 궁극적으로 부모의 계급을 전승받는다. 자본의 축적을 위해 "취향이 같은 사람끼

리 사교모임을 가지며 학력 자본의 세습을 위해 자녀교육에 전력을 다한다".[16]

운전기사를 기정에게 소개해달라고 하면서 연교는 말한다. "믿는 사람 소개로 연결 연결, 이게 베스트인 거 같애요. 뭐랄까……. 믿음의 벨트?"

시스템으로 검증된 사람보다는 인맥, 아는 사람과의 친교를 통해 알게 된 사람을 더 중시하는 한국인의 의식을 대변하는 대목이다.

하우스 키퍼 문광이 병원에서 활동성 결핵 판정을 받은 것을 기택이 연교에게 알려주면서 이렇게 말한다. "하기사, 옛날에 크리스마스 씰 붙이고, 막 그런 시절 얘긴데…… 한 번 검색해보세요. 한국이 현재 결핵 발생, 세계 1위랍니다. OECD국가 중에서." 1960~1970년대 결핵환자를 돕기 위해 크리스마스 씰을 붙이던 한국의 과거 역사와 현재 한국 결핵 발생이 높아진 정보를 제공한다.

또 기택 가족들이 다 함께 취업이 되어 축하하는 술 파티에서 소고기를 구워 먹으며 기택은 말한다. "경비원 한 명만 뽑아도 대졸자 4년제 500명씩 몰려드는 이 시대에, 우리는 온 식구가 전원 취업했잖아." 박 사장 가족이 캠핑을 모두 떠나고 박 사장 저택에서 기택 가족이 술 파티를 하며 기우가 다혜와의 결혼을 상상하며 말한다. "이왕에 김치국 마시는 김에 말씀드리자면 만약에 다혜와 나 결혼식이다, 그럼, 엄마 아빠 역할은 대역배우들이 와서 해주면

---

16 성일권, 「중산층의 '계급탈락' 공포와 증오의 일상성, 그리고 상징폭력」, 『한국프랑스문화학회 학술발표논문지』 No.2, 한국프랑스문화학회, 2019, 131쪽.

되는 거고. (기정을 가리키며) 얘, 작년에 결혼식 하객 알바 졸라 많이 뛰었잖아." 그러자 기정이 말한다. "난 생판 모르는 년 부케까지 받았어. 부케 받으면 일당에 만 원까지 더 주거든." 이 대사들에서 한국에서는 대학 졸업자 중 취업준비생이 부지기수로 많을 뿐 아니라 결혼식의 주최 측도 하객도 모두 아르바이트로 쓸 수 있다는 것을 보여준다.

문광이 지하실에 있는 근세의 형편을 봐달라고 하며 충숙에게 "언니"라고 말할 때 혈연관계가 아님에도 "언니", "이모", "형님"이라 부르는 한국식 가족주의를 떠올리게 한다. 근세가 "대만 카스테라 가게" 때문에 빚을 지게 되었다고 했을 때 그 말을 듣고 기택도 동병상련으로 마음이 무너질 때 한국에 수많은 다국적 프렌차이즈 사업이 갖는 허위와 속임수에 대한 사회적 밑그림을 읽어낼 수 있다. 대만 카스테라 사업은 치킨, 베이커리와 같은 프랜차이즈 사업 중 하나로 점주가 가맹점에게 착취만 당하다 결국은 망하는 사업을 대변하고 있다는 사실. 그 또한 열악한 한국 소상공인의 현실을 대변해주고 있다 할 수 있다. 기택이 갑자기 들이닥친 박 사장 가족을 피해 지하실 의자에 황급하게 근세를 묶은 후 숨을 몰아쉬며 "살면 살아지나? 이런 데서두"라고 측은한 듯 물을 때 모든 것을 체념한 듯 근세는 말한다. "아니, 땅 밑에 사는 사람이 한 둘인가? 반지하까지 치면 더 많지" 했을 때 한국에서 하류층의 주거환경, 많은 지하생활자의 수기를 듣는 듯하다.

이와 같은 한국 하류층 삶의 일면을 에피소드로 촘촘하게 배열

할 때 한국 계급사회의 일면은 상징적으로 부조된다.

상류층 삶은 박 사장 가족의 라이프스타일로 대변되고 상징된다. 연교는 미술 과외 교사로 일리노이 주립대 응용미술학과 출신 유학생에 혹한다. 미술대학 입시를 위해 예중, 예고 입시에 매달리며 맹렬하게 선행학습을 하려 한다. 연교는 기우와의 첫 수업을 참관하겠다는 의견을 물으며 말한다. "이즈 잇 오케이 위드 유?" 연교가 대화에서 수시로 영어를 쓰는 것은 미국식 우월감을 드러내려 하기보다 전형적 한국 엘리트층의 한 일상을 제공한다. 한국 엘리트층은 소위 '미국물을 한 번쯤은 먹은 본 이들'이라는 점이다. 근대 신학문이 서구중심주의 학문과 지식으로 유입된 이후 신문명, 신학문의 계몽과 전달은 유학을 다녀온 지식인 중심으로 이루어져 왔다. 지식인뿐 아니라 근대화 이후 현대인에게 서구문화로서의 역사, 종교, 정신, 정보·지식은 이미 깊숙이 내면화되어있다.

신자유주의 후기 자본주의사회에서 한국인의 소비 취향은 국가 간 경계가 더욱 모호해졌다는 것을 보여준다. 기택 가족이 모두 취업이 되고 나서 모였을 때 그들은 한국산 맥주 '필라이트' 대신 일본 맥주 '삿포로'를 마신다. 연교의 부엌에 쓰는 프라이팬은 독일제 휘슬러이며 캠핑 때 쓰는 다송의 텐트는 미제다. 강아지들에게 주는 사료는 일제이며 박 사장이 타고 다니는 자동차는 한국 부유층이 가장 선호한다는 독일제 벤츠이다. 짜파게티와 너구리를 섞어놓은 간식에 한국인이 좋아하는 냉장 한우를 넣은 짜파구리는 박 사장 식구들만의 간식이라는 그들끼리의 식문화가 드러난다.

영화 〈기생충〉에 나오는 반지하 월세방에서 가장 높은 위치에 있는 변기, 수많은 계단, 미국 교환학생, 고액 입시 과외, 학벌 위주 입시, 한국 대학생의 음주문화, 인맥 중심 인사, 대리기사, 대졸자 취업난, 결혼식 하객 아르바이트 문화, 한국 가족주의적 호칭, 서민들의 프렌차이즈 사업의 부도, 상류층의 영어 일상화, 다국적 소비재 사용, 묻지마 흉기난동 사건 등, 영화 곳곳에 배치된 서브 텍스트는 한국인의 라이프스타일, 문화, 소비취향, 의식과 풍습 등을 상징적으로 드러낸다. 서브 텍스트는 개인적 이야기를 다루는 듯하지만 한 개인의 운명이 한 계급의 운명이 되고 있다는 것을 보여준다. 한 개인의 의식, 문화가 사회 전체의 운명과 의식에 대한 우의적 상징이다. 감독은 수많은 서브 텍스트를 통해 한국스러운 것, 한국적인 것에 대한 풍속을 재현한다. 영화의 전체적인 서브 텍스트는 주제와 직접적인 관계가 있다. 서브 텍스트로서의 장면, 대사, 미장센은 이면에 깔린 인물 감정, 한국사회에 대한 정체성을 드러내는 상징으로 기여하고 있는데 그것은 곧 빈부계급 갈등, 학벌과 인맥 중심주의, 열악한 취업현장과 소상공인의 몰락 등, 부조리한 한국사회에 대한 블랙코미디적 풍자라 할 수 있다.

3. 한국이라는 국가적 알레고리

1970년대 말부터 시작되어 1980년대 이후 활성화되던 탈식민주의 논의는 포스트모더니즘 글로벌 문화가 만연되면서 연구계 쪽 관심이 희석되어 왔다. 현대 글로벌 문화에서 19세기, 20세기 식민체험 국가였던 아시아 문화가 세계문화에 다양성으로 큰 지형의 변화를 가져왔기 때문이다.[17] 여기서 오리엔탈리즘 논의를 불러들였던 프레드릭 제임슨의 1986년 가을 논쟁을 환기해볼 만하다. 프레드릭 제임슨은 "다국적 자본주의시대의 제3세계 문학"이라는 논제에서 "모든 제3세계 문학은 필연적으로 민족적 알레고리national allegory로 읽어야 한다"고 주장한다. 즉 그들이제3세계 역사 속에서 식민주의나 제국주의를 경험했고 그러한 역사와 체험이 개인의 의식에 명백히 드러난다는 점이다. 이와 같은 제임슨의 입장은 탈식민주의 이론가들에게 큰 논란을 불러일으켰다. 탈식민주의 이론가들은 프레드릭 제임슨의 주장이, 포스트모던의 서구 문화 주체들에게 제3세계가, 그들'제1세계'의 역사를 끊임없이 환기시키는 공간으로 존재하게 한다는 점, 그런 점에서 제3세계를 '국가', '민족'이라는 범주에서 서구사회에 제한적으로 소개하게 된다는 점을 강조했다. 탈식민주의 담론 연구자인 아이자르 아마드도 프레드릭 제임슨의 발언에서 서구와 제3세계 간의 구분이 식민주

17 아시아 문화에 대한 관심은 '한류, K-팝, K-드라마'에 대한 관심에서도 그 예를 찾아볼 수 있다.

의적 오해에서 비롯된 것일 뿐 아니라 더 중요한 것은 그의 발언이 제3세계 대상의 계급적 혼종성을 무시했다고 언급한다.

이에 대해 남수영[18]은 제임슨의 글을 탈식민주의 논의에서 벗어나 조금은 다른 시각에서 보기를 희망한다. 프레드릭 제임슨의 '민족적 알레고리론'을 통해 알게 되는 중요한 것은 작품의 국가민족적 소속이 아니라, 그것이 반영하고 있다고 여겨지는 '정체성'이라고 주장한다. 제3세계 문화에서 '민족'이나 '국가'를 논하는 것은 개별 텍스트의 창조성을 축소시키는 접근이 될 수 있지만 '민족적 알레고리론'은 제3세계 내의 다양한 문화적 텍스트 생산 활동의 세계화적 의미를 제대로 평가할 수 있는 계기가 된다[19]는 것이다.

수십 년이 지난 현재, 세계는 "미국을 제외하고 모두 제3세계"[20]라는 인식이 보편화되고 있다. 미국적 후기 자본주의문화의 직간접 영향하에서 다국적적 소비를 동시적으로 누리고 있다. 모든 문화가 세계문화글로벌리즘가 된 지금 이곳에서, 제임슨의 1986년 '민족적국가적 알레고리'론이 얼마만큼의 유효성을 지닐 수 있을지는 의문이 든다.

하지만 봉준호 영화가 내포하는 깊숙한 사회정치적 무의식은 제임슨의 국가적 알레고리론에 대하여 다시금 환기하게 한다. 봉

---

18 남수영, 「제3세계 영화의 정체성과 가능성 – 프레드릭 제임슨의 "민족적 알레고리"개념의 재고」, 『문학과영상』 9(2), 문학과영상학회, 2008, 307~309쪽 참조.

19 남수영, 위의 글, 313쪽.

20 David, Steven R., "Why the Third World Still Matters", *International Security* 17.3, 1992~1993, 127~159쪽; 남수영, 위의 글, 308쪽에서 재인용.

준호 영화가 제3세계와 제1세계의 차별적 경계라는 오리엔탈리즘의 시각이나 혹은 그 반대로 미국 중심 서구세계에 대한 탈식민주의 담론적 비판을 취하는 것은 아니다. 그의 영화는 탈식민주의 이데올로기가 갖는 지배 / 피지배간 지배와 종속의 기준점을 넘어서서 오히려 '국가 간의 관계'의 문제, '국가와 국가 사이 관계'로 확장되는 데서 오는 알레고리에 주안점을 두고 있다. 문화 텍스트의 정치성에 대해 타진하는 그의 이러한 모색은 후기 자본주의시대에 정치 미학적 성찰을 하게 하는 분명한 가능성을 보여준다.

이를테면 영화 〈괴물〉에서 괴물이 탄생하게 된 한강이라는 공간을 생각해 볼 수 있다. 한강은 세계에서 최대 미군 주둔지로서의 한국을 상징, 대표하는 것으로 받아들여진다. 괴물과 맞서 싸우는 미군병사, 강두의 말은 들으려 하지도 않고 바이러스 검사를 하러 온 미국 의료진들. 이것은 대한민국이라는 국가와 제1세계, 미국이라는 두 국가 간의 정치역학적 관계를 알레고리화하고 있다. 미국은 세계에서 가장 강력한 문명국가로서의 이미지를 가지며 또한 지배자로서의 제국의 이미지를 가진다. 쿳시의 소설 『야만인을 기리며』에 나오는 미국이 가지는 두 개의 목소리는 "한 쪽은 거칠고 다른 쪽은 사근사근한" 제국의 목소리이다. 〈괴물〉에서 '미국'은 포름알데히드를 한강에 방류함으로써 괴물을 탄생시킨 원인 제공자면서 동시에 괴물에 맞서 함께 싸우는 미군 병사의 모습으로 나타나기도 한다. "원조와 제재"를 통해 제국이 성취하고자 하는 것은 헤게모니[21]이다.

〈기생충〉 영화가 갖고 있는 정치적 상상력에는 미국과 한국이라는 국가적 관계 혹은 세계 속의 한국이라는 국가적 알레고리가 담겨 있다는 점을 상기할 필요가 있다.

미국 교환학생, 일리노이 주립대 유학생, 제국의 언어로서의 영어와 영문이름[제시카], 방수가 잘되는 미제텐트, 인디안 놀이와 보이스카웃라는 미장센과 에피소드 등, 〈기생충〉에서 '미국'을 환기시키는 수많은 에피소드가 등장한다. 미국의 이미지는 세계 문화와 문명을 주도하는 강력한 문명국과 제국 이미지라 할 수 있다.

21세기 글로벌 경제주의가 만연한 지금도 한국인들은 여전히 아메리칸드림을 꿈꾸며 미국으로 건너간다. 미국의 아이비리그에 진학하고 미국 기업에 취업한 후 미국 사람이나 혹은 한국계 이민자와 결혼해 미국의 주류에 편입하는 것, 그것이 세계의 중심에 서는 것이라 여긴다. 한국인에게 미국은 적대의 대상이 아니다. 한국 아이티 기업은 글로벌 기업으로 선봉에 서 있다. 박동익 사장이 아이티 기업 CEO로서 미국에서 받은 영문 상장을 거실에 걸어두는 것은 세계 최고의 수준이라는 것을 입증하는 표식이다. 제1세계 미국에서 인준한 수준이라는 확인, 이것이 제1세계와의 관계 혹은 영향하에 놓여 있는 한국이라는 국가, 양국 관계에 대한 알레고리라 할 수 있다.

영화 〈기생충〉에서 두 번째로 한국이라는 국가적 정체성을 드

---

21 왕은철, 「제3세계의 시각에서 본 9/11 — 알레고리소설로서의 주저하는 근본주의자」, 『영어영문학연구』 Vol.41 No.4, 대한영어영문학회, 2015. 72쪽.

러내는 지점은 기정이 기우와 함께 과외선생 취업 면접을 위해 박사장 집을 방문할 때이다. 기정은 현관문 앞에서 자신의 신분 위장을 위해 〈독도는 우리땅〉 노래에 맞추어서 "제시카, 외동딸, 일리노이 시카고, 과 선배는 김진모, 그는 외사촌"이라고 개사해서 노래를 부른다. 이때 감독은 굳이 〈독도는 우리 땅〉이라는 곡을 신분 위장, 정보 암기를 위한 곡으로 집어넣는다.

다음, 다송이의 가든 생일파티를 열면서 연교는 손님들 테이블을 이순신 장군의 학익진 대열처럼 테이블을 배치하라고 충숙에서 말한다. "학익진, 이순신 장군 학익진, 한산도 대첩, 텐트를 일본군함이라 생각하시고, 테이블이 이렇게 둘러싸면서 텐트 가까이에……." 이와 같은 대사는 다시 한번 한국이라는 국가정체성을 떠올리게 한다.

〈독도는 우리 땅〉이란 곡에 담긴 한국과 일본의 영토분쟁이라는 긴장, 임진왜란 때 일본 왜군함과 싸우던 이순신의 학익진 대열, 이 에피소드와 대사는 모두 한국이라는 국가, 혹은 집단 정체성과 역사 경험을 전제한다. 이는 (제3세계 텍스트가) '개인적인 이야기와 개인적인 경험을 이야기하면서 집단 자체의 경험을 힘들게 이야기하는 형식을 취한다'는 프레드릭 제임슨의 언급을 환기시킨다. 제3세계 텍스트는 공적 영역과 사적 영역이 융합되고 그것이 국가적 알레고리를 지닐 수밖에 없다고 프레드릭 제임슨은 말하고 있다. 그의 제3세계 문학론이 지금 현재 한국의 텍스트에 정확하게 일치한다고 할 순 없지만 〈기생충〉이 갖는 정치적 상상력에는 한국이라는 국가적 알레고리가 담겨 있다는 점은 상기할 만하다. '독도', '학익진'은 일본과 한국 간의 긴장된 외교사, 격렬한 전쟁사를 대변하고 환기한다. 지극히 개인적 모티브들이 한국의 역사를 비유하는 국가적 알레고리가 되고 있다.

다음, 영화에서 한국이라는 국가적 정체성이 드러나는 지점은 문광, 근세 부부 대사에 나오는 북한 관련 에피소드이다. 박 사장 가족이 캠핑장으로 떠난 밤, 폭우가 쏟아지고 폭우 속에 문광이 찾아오면서 지하실에 근세가 살고 있었다는 사실을 알게 된다. 지하실과 근세의 존재를 알게 된 충숙이 경악을 금치 못하자 문광이 지하 공간이 생기게 된 과정을 설명한다.

"원래 부잣집에 북한이 쳐들어오면 숨는 비밀 벙크가 있어요. 채권자들이 몰려오면 숨는 비밀방 같은, 뭐, 그런 것들이 대개 많아요. 근데 남궁현자 선생님이 이걸 만든 게 쪽팔리셨는가 어쨌는가 다송이네한텐 얘길 안 했더라고요. 나만 알고 있었는데……."

이 대사는 북한이 전쟁을 일으켜 남한으로 쳐들어올 수 있다는 무의식적 공포가 한국민들에게 있다는 것을 보여준다.

다음으로 문광, 근세 부부에 의해 오히려 제압된 기택 가족들이 거실에서 팔을 든 채 벌을 서고 있는 씬이다.

거실 (N)

(기택 가족은 벌을 선 채 괴로워하는 표정이고, 문광이 소파에 누운 근세에게 등 안마를 해주고 있다.)

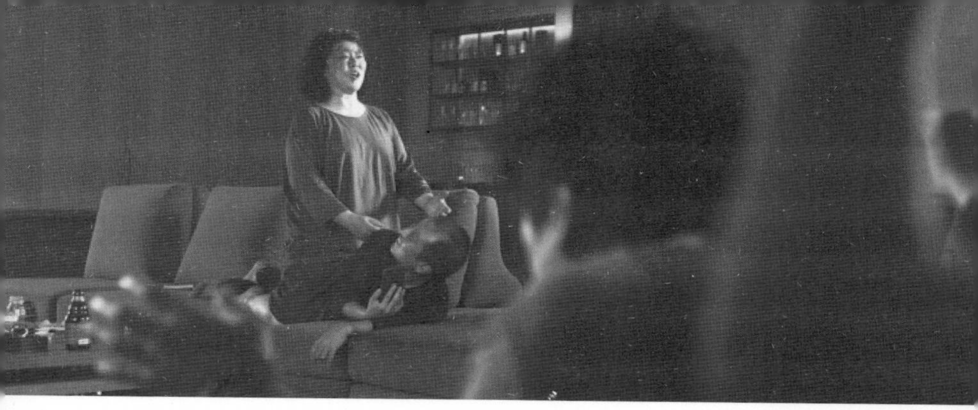

이미지 제공 : CJ엔터테인먼트

근세 (킬킬 웃으며 핸드폰 사진 전송 버튼을 눈으로 가리키며) 여보, 이 전송 버튼이 완전히 미사일 버튼이네.

문광 (다정하게) 뭔 얘기야 여보?

근세 (킬킬 대며) 아니 이 버튼만 누른다고 하면 저 양반들이 꼼짝을 못한다고 하잖어. 이 버튼이 북한 미사일이야. 북핵 미사일 버튼.

문광 (개인기처럼 북한 아나운서 흉내를 내면서) 경외하는 최고 영도자 김정은 동지께서는 오늘 이번 일가족 사기단의 동영상을 보시면서 그들의 악랄하고 저급한 도발에 대해서 경악과 분노를 금치 못하시었다.

근세 (히죽 웃으며) 그거 진짜 오랜만이다. 여보.

문광 이에 위대한 수령동지께서는 작금의 한반도의 비핵화의 과정 속에서 마지막 남은 단 한 발의 핵탄두를 저 미친광이 일가족의 간악한 아가리에 처박으라는 궁극의 지령을 내리시었다.

근세 (웃음을 참지 못하고 킬킬대며) 역시 종북행위의 지존. 사랑해 여보.

문광 저들의 구린내나는 오장육부를 최후의 핵폐기장으로 삼아 마침내 비핵화와 세계평화를 이룩하시려는 위대한 영도자 김정은 동지. (벌 서고 있는 기택 가족을 돌아보며 호령하듯) 똑바로 안 들어! 팔 번쩍!

(난장판이 되어 있는 거실 테이블 술판을 보며) 썩을 것들아. 니네는 여기서 기껏한다는 게 개 같이 술이나 처 먹고 응? 남궁현자 선생님의 예술혼이 숨어 있는 이 집 이 거실 한복판에서, 이 무식한 것들아. 니들이 예술혼을 알아?

근세 (함께 비웃으며) 저분들이 뭘 알겠어.

문광이 희극적으로 북한 방송 아나운서 흉내를 내는 장면은 다시 한번 영화 〈기생충〉이 한국의 국가적 알레고리를 드러내는 장면이다. 대한민국은 'The Republic of Korea' 이전에 바로 'The South Korea'라는 사실, 대한민국은 여전히 공산주의 국가인 북한과 분단, 휴전, 대치 중이라는 사실이다. 남한은 북한의 핵이라는 정치적 위협과 동시에 한민족이라는 기묘한 민족적 동질의식 속에 놓여 있다. 한국 정치 이데올로기는 결코 외면할 수 없지만 완벽하게 일체가 될 수도 없는 북한과의 대치 속에서 자유민주주의를 지켜내야 한다는 사실, 이것이 대한민국이 당면한 이중적 현실이다.

그 가운데 영화 속 문광은 북한 아나운서의 독특한 북한 사투리를 희극적으로 흉내내며 패러디적 풍자를 보여준다. 기묘한 블랙 코미디를 연출한다. 북한 뉴스에 나오는 독특한 북한 사투리 억양으로 지도자 동지를 찬양하는 교조주의의 모습은, 한국 방송 코미디 프로에 우스꽝스러운 흉내로 북한의 지도자를 찬양하는 개그맨을 연상케 한다. 이 장면은 개그쇼를 바라보는 남한사람들의 시선이 알레고리화되고 의인화된 것이라 할 수 있다.

분단이 고착화되다시피 50년 넘게 시간이 흘러가자 한국인에게 북한은 언젠가 맞이해야 할, 이복형제 같은 당위적이지만 서먹한 어떤 미래가 되었다. 그 정치적 위협은 일상화되어 둔감해졌다. 하지만 세계인들이 바라보는 한국에 대한 시선은 그와 다르다. 세계인들에게 각인된 '대한민국'은 세계에서 공산주의와 자유민주주의로 분리된 유일한 분단국이라는 인상, 북한의 핵이 남한을 언제 공격할지도 모른다는 전쟁 위협에 항상 시달리는 나라라는 인상을 지울 수가 없다. 그런 점에서 이 장면은 세계 안에 대한민국이 놓여있는 정치적 입지를 본격적으로 보여준다. 세계인들이 바라보는 한국의 정치적 문화적 특수성을 극단적으로 노출시킨다. 즉 대한민국은 세계인의 시선 속에 'The Republic of Korea'가 아니라 'The South Korea'로 각인되어 있다. 문광이 북한 사투리로 최고지도자 동지를 찬양하는 장면도 그러하지만 휴대폰 전송 버튼이 마치 누를까 말까를 고민하며 전쟁 위협을 가하는 북한의 핵탄두로 비유될 때 영화는 남북한의 정치적 상황에 대한 완벽한 국가적 알레고리가 된다. 한반도가 처한 정치적 상황을 풍자적으로 알레고리화하고 있는 셈이다. 봉준호 감독은 이렇듯 지극히 개인적 에피소드에 집단적 국가적 역사경험을 내재화시킴으로써 그의 정치적 무의식을 드러내고 있다.

4. 로컬리즘과 글로벌리즘의 욕망 사이에서

이 글은 봉준호 영화 〈기생충〉의 영화 재현 형식과 전략을 살피는 것에 목적을 두었다. 그 결과 봉준호는 서브 텍스트로서의 한국적 정체성과 한국이라는 국가적 알레고리를 통해 영화 주제와 정서에 기여하면서 글로벌리즘과 로컬리즘에 접근하고 있다는 것을 알 수 있다.

봉준호는 장르영화의 관습 속에 서브 텍스트와 정치적 알레고리를 심어 놓아왔다. 감독은 그것을 통해 그의 현실주의 영화의 주제를 드러내고 현대사회의 구조적 갈등을 표출해왔다. 이것은 또한 감독의 정치적 무의식을 드러내는 재현방식의 하나라 할 수 있다.

영화 〈기생충〉의 메인 텍스트에서 핵심적 갈등은 비평계의 오랜 화두였던 '타자'에 대한 개념을 떠올리게 한다. 박 사장이 끝까지 지키려 했던 '선line'은 기택을 '타자'로 규정하는 데서 연유한다. 그것은 동등한 인격의 대상으로 받아들이지 못하겠다는 경계선이다. 박 사장 가족과 기택 가족 사이에 수많은 계단과 수직의 높낮이가 있고 또 문광과 기택 가족 사이에 수직의 높낮이가 존재한다.

이 계급의 차이, 상대를 타자화하고 이질적 존재로 지칭하는 내적 다름이라는 거리화는 인식론적 폭력을 수반한다. 타자 개개인을 '인간으로서 지워버리고' 단지 고용인으로 객체로 끝없이 구분 짓는 방식은 물리적 폭력으로 끝을 맺고야 만다.

메인 텍스트가 블랙코미디와 스릴러를 섞어놓은 듯한 장르물로 글로벌리즘의 빈부 계급 문제를 전면화했다면 서브 텍스트에서 감독은 가장 한국스러운 것, 한국적인 것으로서의 로컬리즘을 전면화하고 있다. 한국만의 먹거리, 과외문화, 라이프스타일과 사회의식, 일본과의 외교문제와 북한의 핵 문제라는 국가적 알레고리까지. 동아시아 한국이란 국가, 한국인이라는 정체성 안에 깃든 사고와 풍습을 에피소드, 대사를 통해 재현해낸다. 이렇듯 봉준호 영화에서 대사 이면의 감정의 문제, 생각, 동기가 서브 텍스트로서 상징화되고 기법으로 알레고리화되면서 영화의 주제는 심화된다. 이것이 봉준호 감독이 영화에 '정서'와 '감정'을 집어넣는 방식이며 주제를 외면화하는 방식이다.

서브 텍스트로서 상징과 알레고리적 기법은 시각매체로서의 영화적 특징을 공유하면서 그 주제적 접근에 더 가깝게 다가선다. 즉 영화는 볼거리로서의 시각적 쾌락을 충분히 제공함으로써 관객들의 욕망을 대리만족시키고 있다. 남궁현자 선생이 직접 건축했다는 박 사장의 저택은 모든 현대인들의 욕망이 투사된 상징체라 할 수 있다. 한국 사회에서 '집'을 소유한다는 것이 얼마나 중요한 필생의 과업인지, 도시에 내 집 한 칸을 장만하는 것이 얼마나 어려운 일인지 한국인들은 알고 있다. 카메라의 시선이 박 사장의 집 구석구석을 애무하듯 훑고 지나갈 때 집에 대한 한국민의 오마주가 넘쳐나듯 발동한다. 세계인들의 욕망도 함께 발동한다. 교양과 부와 예술이 조화롭고 세련된 방식으로 조합된 대저택은 비주얼로서 모든 관객들에게 페티시즘의 대상이 된다.

영화 〈기생충〉은 이렇듯 양극화 갈등이라는 후기 자본주의 글로벌리즘의 '보편성'을 메인 텍스트로 삼으면서 동아시아 내 한국 사회가 갖는 고유한 풍습과 사회정치적 인식을 서브 텍스트로서의 상징과 알레고리 방식으로 배치한다. 동시에 부의 상징으로서 대저택을 페티쉬즘의 대상으로 위치 지음으로써 관객의 물적 욕망을 투사시킨다. 볼거리로서의 시각적 쾌락, 영화의 나르시시즘을 만족시킨다.

보편성으로서의 글로벌리즘과 개별성·다양성으로서의 로컬리즘의 상징적 조합이 봉준호 영화의 새로운 리얼리즘, 흥미로운 현실주의 영화를 만들어내는 전략이다. 리얼리즘과 탈리얼리즘상징과 알레고리 사이의 간극을 넘어 대중성과 예술영화미학에 동시에 접근하는 새로운 미학적 표현이라 할 수 있다.

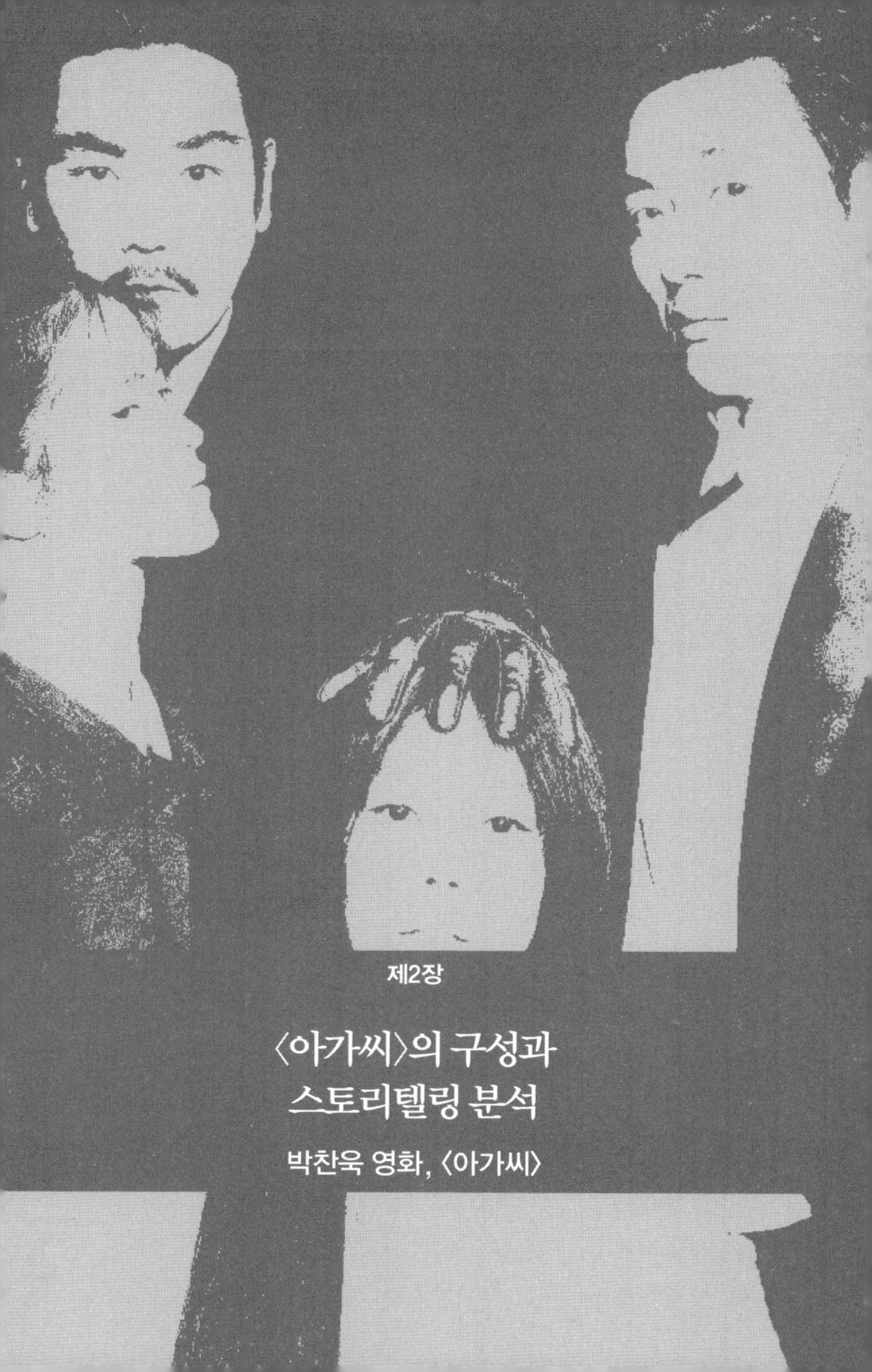

제2장

〈아가씨〉의 구성과 스토리텔링 분석

박찬욱 영화, 〈아가씨〉

1. 욕망의 문제와 박찬욱의 새로운 시도

박찬욱 영화에 대한 대중들의 호불호가 강력하게 갈리고 있지만 영화연구자들 사이에서 박찬욱은 동시대에서 지극히 '문제적 감독'임에 틀림없다. 박찬욱 영화는 2000년대 서구 영화권에서 불기 시작한 '동양극한Asia Extreme'영화[1]로 분류되면서 서구권의 관심을 받게 된다. 그러나 박찬욱 영화는 동양권 영화라는 로컬의 범주를 벗어나 "타란티노식 B급 영화"라는 평가, "국제적 공간에 속하면서 동시에 국내에 속하는, 어느 한 곳에 귀속되지 않는 방식으로 존재하는"[2] 독특한 지점에 놓여 있는 것도 사실이다. 이를테면 그의 복수 시리즈 1탄 〈복수는 나의 것〉에서 나타나는 무정부주의적 허무주의, 〈올드 보이〉에서 나타나는 '오이디푸스 신화 상징', 〈친

---

1 정재형, 「박찬욱 감독의 국제적 평가에 관한 연구」, 『한국영화연구』 53, 한국영화학회, 2012, 310쪽. "동양극한이란, 동양뿐 아니라, 유럽, 미국에서 컬트로 칭송되는 영화들로서, 특히 남한, 일본, 홍콩, 태국의 극한폭력 영화를 일컫는 용어이다."

2 정재형, 위의 글, 311쪽.

절한 금자씨〉와 〈박쥐〉에서 보이는 '히브리즘적 구원과 속죄의 문제' 등은 그의 영화가 단순히 동양주의로 말하기엔 불충분한 지점이 있다는 걸 알게 한다.[3] 이와 같은 지점은 1990년대 세계화 이후 국가 간 경계가 열어지고 서로 긴밀하게 교류하는 '국가횡단주의적 시각'[4]과도 연결된다. 즉 일본 만화를 원작으로 하는 〈올드보이〉에서 15년간의 감금이 보여주는 지극히 '일본적 복수 방식', 〈친절한 금자씨〉에서 복수가 끝나고 기독교적 세례처럼 죄 용서와 구원을 구하는 금자, 〈박쥐〉에서의 기독교문화 전통으로서의 십자가와 뱀파이어 모티프 등은 박찬욱 영화가 더 이상 한국적이지도 그렇다고 헐리우드적이지도 않다는 전제를 상기시킨다. 박찬욱 영화의 폭력성이 갖는 비사실성은 국가나 민족이나 정치적 지역성을 넘어선다. 즉 그의 영화에 나타난 폭력과 복수, 죄의식과 구원, 수많은 금기와 일탈은 인간 내면에 근원적으로 꿈틀거리는 '욕망'의 문제와 관련 있다. 그 욕망은 국가주의나 민족주의라는 근대의 카테고리를 벗어나, '보편성'으로서의 인간 실존 문제와 연결되고 있다.

이것은 대학에서 그의 전공이 '철학'이었다는 점도 환기시킨다.

---

3 이것이 박찬욱이 서구지향적인 것을 드러낸다는 것은 아니다. 국가, 민족, 로컬의 경계를 넘어서고 있다는 점에 대해 주목할 필요가 있다.

4 정재형, 위의 글, 312쪽. 정재형은 카크라마니두 베티(Kaklamanidou Betty)의 말을 인용하면서 "국가횡단주의시대의 국제화는 더 이상 비미국영화가 국제관계를 확보하는 것을 막지 못한다"며 국가횡단주의시대에 맞게 박찬욱의 성향이 지나치게 한국적이지도 않고 오히려 서구적 경향이 더 진하다고 말하고 있다.

박찬욱은 자신의 개인적 관심사가 '소포클레스', '그리스 비극', '히치콕'이라고 말한 적이 있다. 그리스 비극의 정신대로 그는 신탁이라 할 수 있는 불가피한 비극의 운명, 욕망에 사로잡혀 스스로 파멸해가는 주인공, 부조리한 결말, 우연의 변수들, 나약하기 때문에 저지를 수밖에 없는 인간의 패악들에 주목한다.

박찬욱 영화는 타당한 설명이 선험적으로 제공되지 않는 인간 존재에 대한 각성을 통해 환멸과 고통을 주고 있다. 이와 같은 점에 대하여 정현경은 '그로테스크의 세계'[5]라 명명하고 있다. 박찬욱 영화는 상업영화가 갖고 있는 권선징악 즉, '선악의 보편적 통념'을 위협한다. 아리스토텔레스 이후 '극劇'이 가져야 할 결정적 정점인 '카타르시스를 배제'[6]한다. 혐오스러운 것의 극단. 비정상적인 것들의 아이러니한 공존 등, 그로테스크는 불쾌함으로 가득하다. 그의 그로테스크가 좀 더 특질적인 면이 있다면, 그것은 처절함, 냉혹함, 혐오스러운 것, 잔혹함이 예술적 미학주의와 결합하고 있다는 점이다〈친절한 금자씨〉 경우.[7]

---

5 정현경, 「박찬욱 영화에 나타난 그로테스크 연구」, 『한국극예술연구』 38, 한국극예술학회, 2012.12, 274쪽.

6 신아영, 「복수의 플롯을 통해 본 박찬욱 영화의 영화미학 연구」, 『드라마연구』 34, 한국드라마학회, 2011 참조.

7 복수를 하기 위해 구한 권총도 아름다워야 한다는 것을 주장하는 금자에서 모든 폭력마저도 미학화하려는 감독의 의도가 드러난다(금자, "뭐든지 예뻐야 하는 거야~"). 복수든 개인적 취향이든 모든 것을 '예술적 미학화'에 초점을 두는 박찬욱식 미학주의는 영화 〈아가씨〉에서 후로자와 백작이 코오즈키 앞에서 여자 나신을 종이에 그린 다음 그 종이를 말아 담배를 피는 데서도 나타난다.

박찬욱은 미학주의를 통해 자신의 지향점, '스타일'을 완성시키고자 한다. 박찬욱 비판자들은 "박찬욱의 B급 정서가 고농도의 스타일에 집중되어 서사가 부재"[8]하다고 말한다. 서사의 부재 혹은 분명한 선악 없는 모호한 폭력성은 박찬욱의 정체성이기도 하다. 박찬욱의 말대로 그는 '공포' 그 자체를 보여주는 것이 아니라 '공포'에 놓인 '인간의 두려움'을 관객에게 제공해주고 싶은 듯하다. 이 두려움의 본질과 밑바닥에 인간의 실체와 실존이 놓여 있기 때문이다. 요컨대 박찬욱 영화의 잔혹함, 폭력, 욕망의 문제가 타 감독의 스릴러물과 구별될 수 있는 점은 스타일의 미학성, 그와 동시에 인간 실존에 대한 근원적인 주목에 있다.

그러나 2016년 개봉한 영화 〈아가씨〉에서 박찬욱은 새로운 극적 방식을 관객에게 보여준다. 배신 → 복수 → 계획과 추적 → 대결 → 결말이라는 일반적인 복수의 플롯[9]을 따르고 있는 것은 맞지만 영화 〈아가씨〉는 지금까지 박찬욱이 보여준 허무주의나 모호한 폭력성의 범주를 벗어나고 있다. 박찬욱이 그동안 부조리의 밑바닥을 드러내기 위해 극구 피해가려 했던 '권선징악'을 〈아가씨〉에서는 도리어 전면화하고 있다. 배신과 복수의 과정들에 드러나는

---

8 송경원, 「영화 시민의 자기 순환적 유희 – 한국영화 속 폭력 재현과 장르 해체의 징후로서의 박찬욱」, 『씨네포럼』, 제12호, 2011.5, 93쪽.

9 로날드 B. 토비아스, 김석만 역, 『인간의 마음을 사로잡는 스무가지 플롯』, 풀빛, 1997 참조. 프란시스 베이컨은 복수를 '야생의 정의'라고 불렀다고 한다. 법이 정의를 제대로 수행하지 못할 때 사람들은 자신이 당한 상처에 대해 나름대로 되갚아주려 하게 되는데 그것이 바로 '복수' 플롯이다.

'직선적 구조'[10] 대신 스토리가 중첩되는 구조, 즉 반복되며 변주하는 이중적 구조 층위를 보여주고 있다. 반복되는 중첩구조는 관객에서 지루함을 주기 때문에 스릴러 장르에선 쉽게 차용하지 않는 구조이다. 구로자와 아키라의 〈라쇼몽〉도 숲속에서 일어난 살인사건을 중첩구조로 보여주는 미스터리 심리극이지만 자칫 관객에게 지루함을 주기 십상이다.[11] 그럼에도 박찬욱은 이중적 중첩구조 스릴러물을 통해 '새로운 3막 구성'을 만들고 그를 통해 '권선징악'이라는 고전적 진실에 다가서려 한다. 즉, '대중적 극성劇性'에 가까워지려 한다는 점이다. 이러한 새로운 3막 구성은 박찬욱 영화 세계의 근간이라 할 수 있는 '인간욕망 탐구' 혹은 '실존탐구'를 위한 새로운 구성 방식으로서의 미스터리 구조라 할 수 있다.

이 글은 박찬욱 영화 〈아가씨〉를 중심으로 새로운 3막 구성과 스토리텔링 분석을 통해 박찬욱이 보여주는 장르 문법의 새로운 구축에 대하여 분석해 보고자 한다.

---

10 물론 수많은 플래쉬백으로 스토리의 진행을 과거와 범벅이 되게 한 〈올드보이〉와 〈친절한 금자씨〉도 있지만 대체적으로 복수라는 한 지점을 향해 주인공들이 달리고 있다는 점에서는 '직선적 구조'라고 할 수 있다.

11 박찬욱의 〈아가씨〉는 구로자와 아키라의 〈라쇼몽〉의 플래쉬백 구조와 진실탐색 과정이란 점에서 닮아 있다.

2. 3막 구성과 변증법 구조

극영화의 기본적인 구조는 아리스토텔레스 시학에서 말하고 있는 3막 구성을 기본으로 한다. 시작-중간-결말의 3단계 구성은 문학에서 기승전결의 4단계로도 나눠지고 발단, 전개, 위기, 절정, 대단원과 같은 5단계 구성으로 세분화되고 다시 7단계, 8단계로의 구성으로 나눠지기도 한다. 박찬욱 〈아가씨〉는 극 구성의 가장 기본적인 3막 구성을 따르고 있다.

1막은 하녀 숙희의 나래이션과 시점으로 전개된다. 고아로 어릴 때 장물아비의 손에서 키워진 소매치기 숙희는, 어릴 때 부모를 잃고 후견인 이모부코오즈키의 엄격한 훈육 아래 살아가는 일본인 귀족 히데코의 집에 가짜 백작 후지와라의 추천으로 새로운 하녀로 들어가게 된다. 사기꾼 백작은 막대한 재산을 물려받게 될 아가씨와 결혼을 해 재산을 가로챌 목적으로 아가씨가 자신을 사랑하게 만들어달라는 제안을 숙희에게 하게 된다. 숙희는 처음 의도와 달리 아가씨에게 묘한 연민과 사랑을 느끼지만 백작과의 모의대로 아가씨와 백작을 결혼하도록 돕고 아가씨를 정신병원에까지 데려가는 데 성공한다. 그러나 정작 정신병원 건물 앞에서 병원 직원은 아가씨를 끌고 가지 않고 자신의 양팔을 잡고 병원으로 끌고 가려 하는데 순간, 숙희는 가짜 백작과 자신이 모의한 계략이 아니라 가짜 백작과 아가씨가 모의한 계략에 자신이 걸려들었다는 것을 알게 된다.

2막은 히데코의 나래이션과 시점으로 전개된다. 1막에서 숙희에 의해 순진하고 세상 물정 모를 거라 추측되었던 히데코는 실은 어릴 때부터 이모부의 냉혹한 훈육 속에 영악하고 차가운 성격의 소유자로 자라난다. 태어날 때부터 엄마를 잃은 히데코는 함께 살던 이모마저 목매달고 자살하자 남자에 대해서든 삶에 대해서든 지독한 냉소주의자로 살아가게 된다. 어느 날 가짜 백작 후로자와 백작이 혐오스러운 이모부의 집에서 탈출해 자신과 결혼하자고 제안하자 히데코는 새로운 하녀를 구해와 자기 대신 정신병원에 집어넣고 자신은 새로운 신분으로 자유를 찾겠다고 제안한다. 그러나 백작과 히데코의 공모에 의해 새로 들어온 하녀 숙희는 그들의 원래 의도와 달리 히데코와 진정한 사랑을 느끼게 되고 히데코는 숙희와 다시 공모해 새로운 계략을 꾸미기 시작한다.

3막은 특정 인물의 시점이 아닌 전지적 시점으로 전개된다. 정신병원 앞에서 히데코 대신 정신병원으로 끌려가는 숙희, 그런 숙희를 측은한 듯 바라보는 히데코, 둘의 연기에 완벽하게 속아 넘어간 백작의 모습에서부터 시작한다. 히데코는 백작을 유혹하여 잠들게 한 뒤 계획대로 정신병원을 탈출한 숙희와 다시 상봉해 상해로 떠난다. 그 시각 가짜 백작 후로자와는 히데코의 이모부 코오즈키에게 보내져 고문을 당하지만 백작의 계략에 의해 둘_{백작과 코오즈키}은 함께 죽음을 맞게 된다.

영화 〈아가씨〉는 영화 서사의 진행에서부터 1부, 2부, 3부라는 자막을 내보내며 3개의 장으로 구성됨을 알려준다. 또한 장과 장

사이에 '페이드아웃'을 하며 연극적인 '막' 구성연극 무대에서 막 내림으로 막 구성을 하듯을 보여준다. 이와 같은 구성은 아리스토텔레스의 3막 구성을 전제하면서 동시에 극이 갖는 기본적인 '드라마적 구성', 즉 '정반합'의 구성점을 드러낸다. '촉발행위'라 할 수 있는 '도발적 사건'의 지점이 발생하고 그 '촉발행동[政]'에 대한 '안티[不]'가 형성되며 다시 그에 대한 '화해[合]'가 일어나는 3단계 구성이다. 이것은 사건발생, 갈등, 화해 혹은 해결이라는 3단 구성이기도 하다.

그러나 영화의 스토리텔링은 전체를 3막 구성으로 나눌 뿐만 아니라 각 장을 또 다시 3막 구성으로 나누고 있다. 즉 각 장마다 또 다른 3막 구성을 품고 있어 영화 전체는 3개의 3막 구성을 결합해놓고 있다고 보아야 한다. 이와 같은 구성을 도표로 나타내면 다음과 같다.

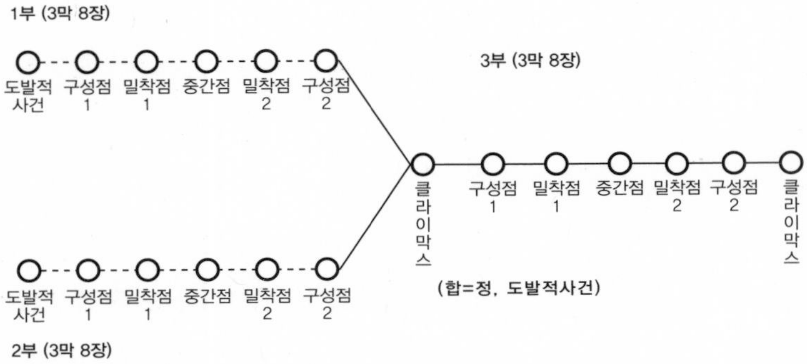

1부에서 도발적 사건은 '소매치기 집단의 숙희가 코오즈키 집안 아가씨의 하녀로 들어가게 되는 지점'이고 구성점1은 '목욕시켜주면서 둘의 마음에 은밀한 성적 교류가 일어나는 지점' 이다. 밀착

점1은 '숲속과 그림 수업 시간에 백작의 강권으로 히데코가 백작의 유혹에 빠지게 하고 싶지만 동시에 방해하려는 숙희'의 갈등 지점이고 중간점은 '숙희와 히데코의 성적 교합'이다. 밀착점2는 '후로자와 백작의 강권으로 히데코가 백작의 청혼을 받아들이게끔 하는 데 성공'한 지점이며 구성점2는 '이모부의 집을 떠나 일본으로 도망치는 세 사람'의 지점이고 클라이맥스는 '정신병원 앞에 히데코 대신 끌려가는 숙희'의 지점이다.

이와 같은 1부의 3막 8장 구성은 2부에서도 똑같이 3막 8장 구성으로 되풀이 반복되며 겹친다. 하지만 겹침 안에 반복은 반전을 동반한 반복이라 할 수 있다. 1부의 3막 8장 구성은 2부의 3막 8장에서 같은 구성점과 밀착점으로 반복되지만 반전과 배반과 모의가 함께 전면화된다.

2부의 도발적 사건은 '인형을 안고 있는 다섯 살의 히데코가 엄마를 잃고 냉혹한 이모부의 집에 들어오는 일'이다. 구성점1은 '사사끼 여사의 멸시를 감내하며 낭독회 준비를 하는 이모와 히데코' 지점이다. 밀착점1은 '이모의 자살' 지점이며 중간점은 '가짜백작 후로자와가 히데코에게 은밀한 제안을 하는' 지점이다. 밀착점2는 '목욕과 숲속 산책에서 숙희에게 사랑을 느끼는 히데코' 지점이고 구성점2는 '자살을 시도하는 히데코와 자살사건으로 진심을 알게 된 후 새로운 계략을 짜는 두 사람' 지점이다. 클라이맥스는 1부의 클라이맥스와 같이 겹친다.

2부의 도발적 사건에서 중간점까지는 1부 숙희의 관점에서 본 히데코 인물캐릭터를 완벽하게 배반하는 지점이며 2부 중간점에서 클라이맥스까지는 1부에서의 백작과 숙희와의 계략이 오히려 숙희를 속이기 위한 계략이라는 점이 드러나고 그리고 다시 백작과 히데코의 계략을 뒤집으려는 히데코와 숙희의 계략이 진행된다.

2부가 1부에 대한 배반이며 3부가 1부, 2부에 대한 배반이다. 1부와 2부 사이에 정신병원으로 끌려가는 숙희의 나래이션 "사람들은 히데코를 쑥맥으로 알았을지 모르지만 그녀는 처음부터 나쁜년이다."가 흘러나올 때 관객들은 반전을 경험한다. 지금까지 숙희가 관객에게 정보 제공해준 히데코에 대한 인상을 완벽하게 뒤집는 말이다. 2부가 끝나고 3부가 시작되려는 지점, 정신병원 앞에서 숙희를 보내고 후로자와 가짜백작에게 히데코가 하는 말 "배고파요"라는 말을 관객이 듣는 순간 이제부터 후로자와 백작을 속이는 계략이 시작되고 있다는 것을 알게 된다. 즉 1부, 2부의 클라이맥스로 끝난 정신병원 씬인 3부의 시작은 1부와 2부가 '끝나는 지점合'이자 다시 정반합이 시작되는 '정正'의 지점이기도 하다.

영화 〈아가씨〉 1부는 숙희가 히데코를 속이는 걸 보여주고 2부는 1부에 대한 반전으로서 히데코가 숙희를 속이는 것을 보여주고 3부는 후로자와 백작과 이모부를 속이는 숙희와 히데코의 합을 보여준다.

이와 같은 1막정, 2막반, 3막합은 고대 그리스인들에게서 유래한 변증법 전개의 과정이다. 플라톤의 『대화편』에서 소크라테스의 대화법의 비밀을 살필 수 있다. 소크라테스는 먼저 하나의 명제를 진술하고 뒤이어 그것의 반대 명제를 찾아내며 이 반대 명제에 비추어서 원래의 명제를 수정함으로써 다시 또 새로운 반대 명제를 찾아내는 방식에 의해 진리를 발견하곤 했다는 것이다. 이러한 과정은 무한히 계속되는 과정이다.[12] 명제의 진술이 '정립thesis'이고 이 명제에 대한 모순 명제를 '반정립antithesis'이라 부르며 이로 인해 원래의 전제를 수정할 필요를 느껴 세 번째 명제 곧 '합synthesis'이 도출된다. 이것은 원래의 명제와 그 반대 명제의 종합이다.[13] 정반합의 세 단계는 모든 운동을 지배하는 법칙이다. 끊임없이 움직이는 모든 것들은 곧 자기 자신을 부정하며 끝없이 변화해가는 '현재'를 의미하는 것이다. 이런 변증법 대화법이 곧 그리스 희곡에서 '극 구성'으로서의 3막 구성과 연결된다고 볼 수도 있다.

영화 〈아가씨〉에 나타난 3막 구성은 변증법적 정반합의 전개를 그대로 따르고 있다. 처음의 계략과 그 계략에 반하는 숨겨진 함정, 그리고 그 새로운 계략에 대한 또 다른 반전으로서의 계략, 이와 같은 정반합에서 합은 다시 정이 되고 다시 그 정은 정반합을 끝없이 만드는 움직임을 멈추지 않는다. 변증법 전개로서의 정반합 구성이 '극 구성'의 일반화된 보편성으로 관객에게 '안정된 카타르시스'를 제공하는 것은 정반합의 세 단계가 모든 세상 운동을 지배하는 법칙이기 때문이다. "세상 만물은 자신과 정반대되는 것을 지향하며 변화해간다. 현재는 과거가 되며 미래는 현재가 된다.

12 레이조스 에그리, 김선 역, 『희곡작법』, 청하, 1991, 91쪽.
13 위의 책, 91쪽.

움직이지 않는 것이란 존재하지 않는다. 곧 지속적인 변화는 곧 모든 존재의 본질"[14]인 것이다.

영화 〈아가씨〉에서 보여주는 그 움직임이란 인물의 '욕망'이며 그 '욕망'이 에너지를 가지며 지속적인 운동성을 가진다는 것이다. 욕망은 행동과 사건을 야기하고 행동은 인물의 운명이 바뀌기 바로 직전까지 이야기를 밀고 나아간다. 아가씨를 속여 정신병원에 넣게 하는 대신 백작에게 사례금을 받을 목적을 가진 숙희, 아가씨 히데코를 속여 결혼 후 정신병원에 넣고 재산을 가로채려는 가짜 백작 후로자와, 숙희를 속이려다 나중에 백작을 속이려는 히데코, 이 셋의 욕망은 변동하며 바뀌며 나아간다. 수많은 변동성은 인간이 모순이며 미궁적 존재라는 점에서 영원히 지속된다. 과거의 것은 현재의 것과 부딪치고 현재는 과거를 파괴한 모순과 과거의 결합으로서의 합을 만들어낸다. 이와 같은 3막 구성, 정반합의 변증법은 곧 인간 삶의 보편성, 끝없이 변화하고 동요하는 삶에 대한 모시模寫인 셈이다.

---

14 위의 책, 92쪽.

3. 여성 동성애가 갖는 금기 위반과 무계급성

정반합이라는 보편적 3막 구조에 부응한 영화였다 하더라도 박찬욱의 〈아가씨〉는 박찬욱 특유의 금기 일탈과 아이러니한 모순된 존재들을 드러낸다. 우선 하녀 숙희는 아가씨 히데코를 속이기 위한 사기꾼이라는 가해자였지만 2부에서 피해자이며, 아가씨 히데코는 1부에서 피해자였다가 2부에서 가해자로 둔갑하게 된다. 가해자이면서 피해자라는 모순된 존재적 가치가 병치된다. 이는 곧 선과 악이라는 이분법적 인식론의 해체라 할 만하다. 무엇보다 〈아가씨〉에서 주목되는 여성 동성애라는 금기 일탈은 이성애를 전제한 가부장제 가치에 대한 적대성을 드러낸다.

히데코는 어렸을 때부터 거대한 남성 권력인 이모부 코오즈키의 강력한 통제와 교정 아래 훈육된다. 울고 있는 다섯 살의 히데코의 손등을 방울줄로 때리며 울고 싶을 때는 이 방울줄을 기억하라며 허리춤에 매어준다. 집을 잠시 떠날 때도 히데코에게 지하실을 기억하라며 히데코에게 지하실의 공포를 환기시킴으로써 완벽하게 권력 이데올로기에 복종하도록 통제한다.

이와 같은 훈육 과정은 알튀세의 '주체 호명' 개념을 환기시킨다. 알튀세는 이데올로기 개인들을 주체로 호명하여 사회적 주체를 형성시킨다고 설명한다.[15] 히데코는 이모부에 의해 '복종하는

15 알튀세는 초기 논문 「이데올로기와 이데올로기적 국가장치(Ideological State Apparatus)」에서 '보이지 않는 이데올로기'가 어떻게 개인 주체들에게 작동하

여성'으로 호명되고 코오즈키는 일본제국주의에 의해 '일본인'으로 호명된다.

코오즈키가 스스로 '일본인'으로 호명되는 과정은 흥미롭다. 코오즈키는 진짜 일본인이 되고 싶어 전처 조선인 사사끼 여사를 버리고 일본 여자와 결혼한다. 일본 제국주의 관념이 철저하게 개인에게 내면화되어 사회적 주체를 형성하는 지점을 보여준다. 후로자와 백작은 코오즈키에게 왜 그렇게 일본인이 되고 싶냐고 묻는다. 코오즈키는 "조선은 추하고 일본은 아름답지. 일본은 정교하고 조선은 무디지"라고 대답한다. 제국주의와 힘에 대한 숭배이며 동시에 미학 사대주의를 보여주는 한 국면이기도 하다. 박찬욱은 일제시대 친일파의 모습을 민족주의의 입장에서가 아닌 일본 숭배가 내면화된 미학주의자의 입장으로 그리고 싶어한다. 머리부터 발끝까지 영혼과 정신 모든 것이 일본이 되어야 한다는 이모부 코오즈키는 '일본 제국주의'와 '남성 가부장제' 그 자체의 상징이다. 어릴 때부터 매와 냉정한 훈육으로 엄격하게 자기 절제를 가르치

는지에 대한 설명을 시도한다(이항우, 「후기구조주의의 주체성론에 대한 이론적 연구」, 서울대 석사논문, 1995, 144~145쪽 참조; 루크 페레터, 심세광 역, 『루이 알튀세르의 이데올로기』, 앨피, 2014 참조). 호명 메커니즘은 학교, 가족 등과 같은 이데올로기 국가장치들을 통해 무의식적 과정을 거치면서 사회의 억압과 착취의 사회질서를 재생산하도록 고무시키는 것을 의미한다. 알튀세의 '호명 메카니즘'은 라깡의 정신분석에서 영향을 받았다. 라깡은 언어와 유사한 방법으로 무의식의 욕망과 환상이 구조화된다고 했으며 알튀세는 이데올로기가 개인을 주체로 호명하는 방식이 무의식의 구조화와 연관되어 있다고 설명한다. 즉 이데올로기에 의해 무의식이 구조화되고 무의식의 필연적 환상을 만들어낸다는 것이다.

는 '일본식 훈육 방식'과, 두려움을 줌으로써 힘의 지배를 가능하게 하는 '제국주의 시스템'과, 여성의 손에는 언제나 장갑을, 발에는 양말을 신겨[16] 여성의 몸을 철저하게 가리게 하는 '가부장적 가치의 근본주의'를 보여준다.

코오즈키에 의해 어릴 때부터 철저하게 종속과 복종으로서 호명된 '히데코'는 비로소 코오즈키의 절대권력에서 벗어나게 된다. 즉 숙희와 히데코의 동성애는 제국주의적 가부장제와 억압된 이성애 이데올로기에 대한 저항인 셈이다. 남성중심적 새도매저히즘, 이성애주의에 대한 일탈을 의미한다.

영화 〈아가씨〉에서 이들의 동성애가 선천적이었는지 후천적이었는지 의견을 가리는 것은 큰 의미가 없다. 자신의 성적 성향이 생물학적 성별과 다르다는 것을 발견하며 갈등하는 동성애자들의 갈등과도 관련이 없다. 영화 〈아가씨〉에서의 동성애는 제국주의적 관념과 이성애중심적 가부장제 지배 이데올로기에 대한 조롱이며 우화적 비판에 방점을 두고 있다.

'질'과 '성기pennis'의 교합상징은 씬11 구두선물 씬에서 시작된다. 히데코는 숙희에게 자신의 새 구두를 주면서 "새 신을 신으면 처음 가는 길처럼 기분이 좋거"라고 말한다. 동화 〈신데렐라〉에서도 나오지만 '발'은 길쭉하고 뾰족한 남성 성기의 상징이며 구두는

16 여성의 '손'과 '발'은 섹슈얼리티 관점에서 보았을 때 그 자체가 '성'적인 상징이다. 수많은 장갑이 들어 있는 히데코의 서랍이나 히데코가 언제나 장갑 끼는 것을 잊지 않는 행위는 자신의 성기를 숨겨야 하는 엄격한 '성윤리' 교육의 결과다. 여성이 성에 집착하는 것은 천박하고 음흉하다고 여기기 때문이다.

여성 질의 상징이다. 히데코에게 받은 새 구두에 조심스럽게 자신의 발을 넣어보는 숙희의 모습은 곧 성교합을 의미한다.

좀 더 본격적인 성적 친밀감이 시작되는 것은 씬14 목욕씬이다. 숙희는 '오후로일본식 목욕통'에 들어가 있는 히데코를 씻기며 말한다. "이모는 손님이 온다고 할 때마다 애기에게 사탕을 물리고 애기를 씻겼어요. 애기에게 냄새가 좋아야 손님이 좋아한다고 했거든요. 아가씨는 저의 애기예요." 막대사탕을 빠는 히데코는 영락없는 애기 같다. 이때 히데코가 이빨이 뾰족해서 아프다고 하자 숙희는 히데코의 입속에 손가락을 넣어 히데코의 까칠한 이를 갈아준다. 이때 숙희는 히데코의 젖가슴을 보며 처음 흥분을 느끼며 얼굴이 홍조로 변한다. 이빨을 갈아주는 동안 히데코는 숙희의 팔꿈치를 만지작거린다. 이 장면은 섹슈얼리티에 대한 전형적인 은유이자 성교합에 들어가기 전의 전희前戱을 의미한다. 숙희의 손가락은 길쭉한 남성 '성기'를 의미하며 히데코의 입은 여성의 '질'이다. 손가락을 넣었다 뺐다하며 이빨을 가는 행위는 곧 성교합에서의 '피스톤 운동'을 의미한다. 이를 다 갈아준 숙희는 좋아하는 히데코에게 말한다. "이제 매끈매끈해요." 첫 성교를 하는 처녀의 질이 원활하지 않을 때 '피스톤 운동'을 통해 '매끈매끈하게' 해주는 첫 의식ritual의 완성이라 할 수 있다. 여성 처녀막 제거와 원활한 질 정비단계를 보여주는 장면이다.

히데코에게 애기처럼 사탕을 물린다거나 히데코를 자신의 애기라고 하며 자신에게 젖이 나온다면 젖을 물리고 싶다고 말하는 숙희는 히데코의 곧 어릴 적 죽은 '엄마'의 다른 모습이기도 하다.

이렇듯 영화 〈아가씨〉에서 여성끼리의 연대는 전前오이디푸스 단계인 모성적인 공간으로 나타난다. 이성애 이데올로기가 억압하는 오이디푸스 단계가 존재하지 않으며 오히려 여성 간의 유대감을 강조하는 모성적 관계가 중요한 의미로 다가온다.[17]

씬28 숲길 산책 씬에서 히데코는 숙희의 엄마와 자신의 엄마가 똑같이 자신들이 어렸을 때 돌아가셨다는 것을 알게 되고 큰 공감을 한다. 히데코는 "우리 엄마는 날 낳다가 돌아가셨어. 내가 태어나지 말았어야 했어. 내가 죽인 거야"라고 말하자 숙희는 히데코의 얼굴을 두 손으로 감싸며 "태어나는 게 잘못인 애기는 없어요. 아가씨의 엄마는 분명 그렇게 생각할 거예요. 널 낳고 죽을 수 있어서 운이 좋았다고" 숙희의 위로로 히데코는 마치 숙희가 죽은 자신의 엄마와 같은 느낌을 받게 된다. "세상천지 누구 하나 의지할 데 없는 불쌍한 자기"에게 엄마가 되어줄 수 있는 상대, 그것이 곧 숙희인 셈이다. 씬22 숙희가 히데코의 속옷을 입혀주며 나오는 자기 독백은 이와 같은 애기와 엄마와의 관계를 더욱 여실히 보여준다. '아가씨는 하녀의 인형이구나. 이 많은 단추는 하녀 좋으라고 있는 거지'라고 속으로 중얼거리다. 실제 둘의 첫 성교에서 숙희는 히데코에게 성적性的 '교사'로 가르치는 위치를 점한다.

17 주디스 버틀러(Judith Butler)는 가부장적 이성애중심주의는 지배이데올로기의 규제적 이상에 의해 반복적으로 각인되어 왔다고 말한다(주디스 버틀러, 조현준 역, 『젠더 트러블』, 문학동네, 2009 참조).

또한 숙희는 히데코와 저택에서 도망치기 전 낭독회장의 모든 음서들과 음화들을 찢고 물속에 수장시킨다. 숙희는 히데코에게 억눌려 있던 이모부라는 절대 권력에 대한 거대한 상징을 해체하게 하는 개혁자로서의 모습으로까지 나아간다. 숙희는 거대권력에 의해 호명 당한 히데코의 억압을 풀어주고 자유로운 여성 정체성을 되찾게 해주는 해방군이 되는 것이다. 영화의 마지막쯤 상해로 떠나는 배 위에서 후로자와 백작의 결혼반지를 장갑에 끼워 바다로 던지는 장면은 가부장적 억압의 고리에서 벗어나게 되었다는 것을 상징한다.

박찬욱 영화에서 여성 동성애는 가부장제에 맞서는 저항의 의미도 지니지만 감독이 더 무게중심에 두고 있는 것은 다른 것에 있다. 그것은 '대칭적 관계'를 통한 '계급성'의 해체[18]이다. 이성애가 여성 상위든, 남성 상위든, 후배위든, 체위에서 이미 계급성이 전제된다면 여성 동성애는 체위에서 어떤 대칭과 대등함을 전제한다.

김수경 기자 〈아가씨〉 마지막에 김민희와 김태리의 베드신을 보면 정확히 데칼코마니 같은 대칭을 이룬다. 〈아가씨〉 속에선 곳곳에서 두 여인을 대칭으로 그린 걸 볼 수 있는데, 첫 베드신의 체위도 서로를 쳐다보면서 가로로 이어지는 대등한 구도이고,

18 여성 동성애의 경우 남근적 대타자로 상대 여성을 등장시킴으로써 이성애적 계급성을 복제하는, 즉 남근적 여성이 남성과 동일시됨으로써 이성애적 욕망을 재반복할 수 있는 함정이 있다. '대칭성'은 그 함정을 극복하는 한 방편이다.

계급으론 아가씨와 하녀인데 대칭으로 그리려 한 까닭은,

박찬욱 대칭구조가 많다. 첫 정사 장면의 부감샷도 그렇고, 체위도 그렇고, 식민지시대였다. 일본과 조선, 그런 계급차이, 이런 것들의 격차를 무력화시키고 싶었다. 그래서 대등한 상대로 발전돼 가는, 그런 모티프가 가장 중요했다. 마지막에 히데코김민희가 무릎을 꿇고 숙희김태리의 구두끈을 고쳐준다. 그런 테마를 담으려 했다.

김수경 기자, 박찬욱 감독 인터뷰, 『미주한국일보』, 2016.6.1 중에서

위 인터뷰 내용대로 마지막 배 선실에서 숙희와 히데코의 베드신이 정확하게 대칭을 이루는 장면, 즉 배 유리창의 대칭과 의자의 대칭과 체위의 대칭, 그리고 첫 베드씬에서의 소위 '가위 자세' 등은 그들의 계급성을 해체시키려는 자세다. 서로의 얼굴을 마주보며 서로의 손을 잡고 이루어지는 쌍방 평등과 쌍방향적 대면 소통을 보여준다.

쌍방향성의 소통과 평등 관계를 이뤄나가려는 여성들에 비해 영화 속 남성들은 허위의식의 소유자로 나온다. 〈아가씨〉에서 제국주의로 대표되는 남성들은 '진짜'가 아닌 '가짜'이다. 조선인 역관으로 코오즈키는 몰락한 일본 귀족의 딸과 결혼하고 그 조카의 후견인이 되어 완벽한 일본인으로 '신분 상승'을 하려는 인물이다. 박찬욱은 코오즈키에 대하여 이렇게 언급한다. "관념적으로 친일

파를 그린다기보다 적극적인 친일파를 그리고 싶었다. 돈이나 권력을 탐해 친일을 하는 게 아니라 정말 좋아서, 매료돼서 숭배하고, 동일화되고 싶은 사람을 그리고 싶었다. 바로 그게 이모부인 코오즈키다. 그렇기에 그의 미적 취향이나, 그런 것들로 하나의 세계를 만들 수 있었다."[19]

코오즈키가 가짜일본인이라는 것과 마찬가지로 후로자와 백작도 마찬가지다. 제주도 머슴의 자식으로 자신의 신분을 속이고 영국에 가서 우연하게 '백작'이란 이름을 얻게 된 가짜 백작이다. 영화에서 여성들, 숙희와 히데코가 자신의 진정한 정체성과 자유를 찾고자 나아갔다면 남성들, 코오즈키와 가짜 백작 후로자와는 진짜가 되고 싶은 가짜들이다. 허위의식의 극단으로 나아간다. 코오즈키는 '히데코'와 결혼해 진짜 일본인이 되려 하고 후로자와도 '히데코'와 결혼해 러시아에 가서 진짜 백작의 삶을 살고자 한다. 영화 〈아가씨〉는 '진짜'가 되고 싶지만 '가짜'일 수밖에 없는 남성들의 허위의식을, 진정한 자신을 찾아가는 여성과 대조시키며 조롱[20]하고 있다.

---

19 김수경 기자, 박찬욱 인터뷰(1), 「박찬욱, '아가씨 방울이 남성 시각? 남성 판타지? 납득할 수 없다'」, 『미주 국일보』, 2016.6.1.

20 서로를 속이려 했다는 점에서 숙희와 히데코도 코오즈키와 후로자와 백작과 똑같이 악의를 지닌 것은 맞지만 서로에 대한 순수한 사랑으로 신뢰를 회복했다는 점, 그것을 통해 억압에서 벗어나 자기해방을 획득했다는 점에서 권선징악의 요소를 충분히 지니고 있다.

4. 미학화된 미장센과 권력 이미지

박찬욱 영화는 금기와 일탈 지향성뿐만 아니라 정교하고 섬세한 미장센[21]으로 큰 주목을 받는다. 특히 〈아가씨〉는 2016년 9월 토론토국제영화제에 초청되었는데 지오반나 풀비 토론토영화제 프로그래머는 〈아가씨〉에 대해 "뛰어난 미장센을 바탕으로 다양한 장르와 스타일을 넘나들며 관객의 눈과 생각, 가슴을 채워줄 호화로운 잔치를 벌인다"고 평했다.[22]

정교하고 뛰어난 미장센은 단순한 볼거리가 아니라 등장인물과 내러티브를 구축하는 중요한 형상물들이다. 코오즈키의 대저택 입구, 끝도 없이 긴 숲길, 잘 가꾸어진 일본식 정원, 흰 꽃잎이 하염없이 날리는 커다란 벚나무, 높은 천장과 목재 바닥의 응접실, 서양식 귀족풍을 떠올리게 하는 길고 큰 나무식탁, 거대한 초상화가 걸려 있는 계단과 응접실, 낭독 후 이마의 땀을 닦는 절제된 행동,

---

21 몽타주가 편집을 통해 영화의 주제를 드러낸다면, 미장센은 한 화면 속에 담기는 이미지의 모든 구성요소들이 주제를 드러내도록 하는 감독의 작업을 가리킨다. 즉, 무심히 놓여 있는 꽃병 하나, 연기하는 배우, 지나가는 배경, 구축되어 있는 세트와 조명 등 그 모든 것이 하나의 장면 안에서 감독(작가)의 주제를 효과적으로 드러내기 위해 그 역할을 한다는 것이다. 따라서 미장센은 기존의 몽타주 영화와 달리, 짧게 편집하지 않고 긴 호흡으로 보여주는 '롱테이크'나 한 화면 속에서 일어나는 일이나 배치된 물건들을 선명하게 보여주는 '딥포커스'로 원하는 효과를 낼 수 있다. 미장센은 한 화면의 내부에 동시다발적으로 많은 영화정보를 담으로써 관객의 능동적이고 선택적인 태도를 요구한다. 이 때문에 관객은 미장센 기법으로 처리된 영화를 볼 때는 화면 전체에 걸쳐 배치된 시각적 요소를 꼼꼼히 음미해야 한다.

22 『머니투데이』, 2016.8.2.

흰 손수건, 아가씨의 수많은 장갑들, 심지어 목매다는 흰 밧줄까지 절제와 품위를 상징한다. 일본식과 서양식이 결합된 미학적인 절제와 엔틱한 고풍이 어우러져 있다. "박찬욱은 내러티브로 설명되어야 할 많은 부분들을 공간구성을 활용하고 압축해"[23] 영화의 이미지로 전달한다. 이러한 프레임 안의 시각적인 것미장센이 영화 전체의 분위기와 주제와 인물의 내면을 이미지화한다.

이 중에서 가장 압도적인 공간은 '낭독회장'이다. 서책이 가득 꽂힌 책장들과 다다미 바닥, 코오즈키의 책상, 낭독회장 무대와 청중 자리에 앉아 있는 일본 귀족들의 영국식 신사복, 이모가 낭독을 하는 중 뒤 배경으로 열리는 흰 벚꽃이 날리는 풍경. 이 모든 것들이 권력의 미학화를 완성시키며 극대화하고 있다. 가장 지적인 독서의 공간이 음서에 의한 음란한 상상력의 공간이다. 절제되고 억압된 여성의 낭독풍경이 퇴폐적이고 변태적인 성적 상상력으로 신음하는 공간이다. 폭력성이든 음란함이든 모든 것들은 '미학화' 시키는 박찬욱의 세계관대로 낭독회장은 그야말로 미학적 음란함으로 가득한다. 기모노 입은 여성에게 가부키적인 화장을 시켜 음서를 읽게 하고 그것을 관음증적으로 즐기는 늙은 남성의 성적 변태 현장이다.

적극적인 친일파 바로 그게 이모부인 코오즈키조진웅 분이다. 그렇기

23 윤장호, 「영화에서 권력관계에 대한 공간의 도상학연구－박찬욱감독 영화를 중심으로」, 『영상기술연구』 22, 한국영상제작기술학회, 2015.6, 67쪽.

에 그의 미적 취향이나, 그런 것들로 하나의 세계를 만들 수 있었다. 지금도 그런 사람들 많지 않나. 일본에서 미국으로 바뀌었을 뿐이지. 〈아가씨〉에서 코오즈키는 계속 나오지 않지만 계속 나오는 것이나 다름없다. 그 저택은 그야말로 그 사람의 제국이니깐. 그 사람들이 없더라도 식탁이나 서재 등은 그 사람 자체다.

박찬욱 인터뷰[24] 중에서

박찬욱의 언급대로 코오즈키 저택, 그 중에서 낭독회장은 코오즈키의 제국이며 제국의 형상화이다. 여성에게 음서를 읽게 하고 음서 읽는 것을 연습시키는 남성주의 권력의 표본이다. 숙희가 처음 낭독회장 문을 열었을 때 보게 되는 광경, 아름답고 품위있던 아가씨가 책상에 앉은 코오즈키의 발 아래 무릎을 꿇고 앉아 낭독 연습을 하는 장면, 이 씬이야말로 코오즈키라는 '권력'이 완벽하게 시각화되는 씬이다. 또한 다다미 바닥 아래 한 부분은 물이 흘러가게 만들어두었는데 그것이 여성의 성기와 질을 상징화한다면 다다미 바닥 다른 한 부분은 지하실로 연결되게 만들어 여성을 급박하는 공포와 두려움의 공간을 상징화하도록 하고 있다. '낭독회장'은 히데코가 코오즈키에 의해 철저하게 권력의 훈육으로 키워지는 장소이며 코오즈키가 자기의 욕망과 권력을 쌓는 공간이며 백작과 히데코가 처음 만나는 공간이다. 코오즈키의 절대권력과 욕

---

24 김수경, 박찬욱 인터뷰(2), 「박찬욱, '아가씨 방울이 남성 시각? 남성 판타지? 납득할 수 없다'」, 『미주한국일보』, 2016.6.2.

망의 시각화라 할 수 있는 낭독회장은 영화의 중후반부, 숙희와 히데코에 의해 파괴된다. 파괴는 관객에게 카타르시스를 주며 그 파괴는 관객의 감정과 공감을 극대치로 끌어올리게 된다.

저택 자체가 코오즈키의 제국이라는 이 미장센은 박찬욱이 즐겨 쓰는 카메라의 '직부감'샷에 의해서도 나타난다.[25] 숙희가 처음 코오즈키의 저택 현관문을 통해 차를 타고 들어가는 장면을 '직부감'으로 촬영했으며 낭독회가 끝나 집으로 돌아가는 귀족들의 자동차가 현관문을 나가는 장면도 '직부감'으로 촬영했다. 현관문을 통과해 집으로 들어갈 때의 긴 숲길, 현관문을 통과해 하나씩 나가는 귀족들의 자동차 씬이 '직부감'샷으로 촬영된 것은 제레미 벤담이 말한 '파놉티콘'[26] 건축에서 '감시자의 시선'을 연상시킨다. 즉 숙희가 들어가는 긴 숲길은 저택의 거대함을 드러내기도 하지만 현관문을 통과할 때 나타나는 '직부감'샷은 수감자를 통제하기 위해 만든 제레미 벤담의 '원형 감옥' 개념과 연관된다. 'CCTV'와 같이 중앙감시탑에 의해 저택 안으로 들어오고 나가는 것을 통제하고 감시하는 '보이지 않는 권력'을 이미지화해서 보여준다. 『감시와 처벌』에서 푸코가 언급한 보는 자와 보이는 자 사이의 사회정치적 관계와도 관련있다. 코오즈키의 '권력'은 시각화된 권력카메라이 되어 저택의 곳곳에 펼쳐져 있다는 것을 암시한다.[27]

---

25 윤장호, 「영화에서 권력관계에 대한 공간의 도상학연구－박찬욱감독 영화를 중심으로」, 『영상기술연구』 22, 한국영상제작기술학회, 2015.6, 79쪽 참조.

26 제레미 밴담, 신건수 역, 『파놉티콘』, 책세상, 2007, 34쪽.

27 히데코가 있는 코오즈키의 대저택 자체가 감옥이다. 정신병원의 축소판이며

직부감샷으로 찍은 대문을 통해 코오즈키 저택으로 들어가는 차량 씬

직부감샷으로 찍은 정신병원에 갇히는 숙희 씬

직부감샷으로 찍은 신사들의 낭독회장 씬

이미지 제공 : CJ엔터테인먼트

코오즈키 권력의 대리인 중 하나가 사사키 여사다. 사사키 여사는 코오즈키의 조선인 전처로 코오즈키가 일본인 여자와 결혼 후에도 같은 집에서 집사로 일하며 코오즈키와 여전히 내연의 관계를 가지고 있는 여성이다. 처음 다섯 살의 히데코가 이모부 코오즈키의 집으로 왔을 때 어두운 방에 등불을 주지 않는 씬 또한 상징적이다. 책 수집광인 이모부는 책을 보호하기 위해 유리창으로 들어오는 햇빛을 최대한 차단하며 밤에도 기름을 아끼기 위해 등불을 켜는 것을 자제하게 하는데 사사키 여사가 어린 히데코에게 겁을 주며 등불의 기름을 주지 않으려는 것은 코오즈키에게 이양 받은 권력 행사의 또 다른 일면이다. 햇빛을 최대한 차단한 집, 사사키 여사에 의해 최대한 어둡게 되는 방. 전체적으로 블루 톤 벽지로 메꾸어진 히데코의 방 등은 차갑고 외로우면서도 철저하게 고된 훈육으로 키워지는 훈육의 현장이자 코오즈키 인물의 형상화라 할만하다.

많은 미장센 중에서도 코오즈키를 대변하는 가장 강력한 것은 낭독회장에 들어가는 입구에 서 있는 독사 조형과 철문이다. 독사 조형은 마치 살아있는 듯 들어오는 사람을 급박하는 통제와 권력의 실체로 보인다. 먹을 묻힌 붓을 혀로 다듬는 코오즈키의 검은 혀는 숙희의 나래이션[28]대로 바로 '뱀'을 형상화한다. 뱀은 동물적

그 등가물이다.

28 코오즈키의 검은 혀를 보고 숙희는 속으로 '아, 뱀이다'라고 외친다. 코오즈키를 상징적으로 드러내는 말이다.

본능과 죄의식의 상징이며 동시에 남성 성기와 공격성의 상징이기도 하다. 낭독회장 입구에 서 있는 독사 조형은 코오즈키 그 자체이며 그가 낭독회장의 주인이자 모든 통제와 감시의 주체라는 것을 대변하고 있다.

5. 신화 원형의 보편성과 금기 위반의 의미

영화 〈아가씨〉는 지금까지 박찬욱이 보여준 영화와는 변별점을 보이고 있다. 3막 구성을 정확하게 따르면서 3막 구성안에 또 다른 3막 구성을 재배치하고 있다는 점이다. 그와 같은 3막 구성은 지금까지 박찬욱의 세계관과 구별된다. 지금까지 박찬욱 영화는 욕망에 휩싸인 존재의 부조리한 운명, 해결될 수 없는 복수의 모순, 선악에 대한 보편적 통념을 위협하는 전복적 인식으로 가득 차 있었다. 이 우연과 변수, 부조리의 불가해한 삶의 현장은 여전히 갈등을 내장한 채 미완의 귀결을 마련해왔다.[29]

〈아가씨〉는 정반합의 3막 구성을 완벽하게 구현하고 있다. 선악의 경계를 긋고 있으며 악의 파멸에 의한 통쾌한 감정이입과 카타르시스를 관객들에게 제공한다. 3막 구성이야말로 주인공이 안고

29 〈플란다스의 개〉, 〈복수는 나의 것〉은 화해된 결말이라기보다는 열린 결말이다. 〈올드보이〉, 〈친절한 금자씨〉, 〈박쥐〉도 완벽한 해결이라기보다 삶의 부조리함의 현재적 진행이라는 결말구조를 보여주고 있다.

있던 도덕적 딜레마와 갈등이 해소됨으로써 관객에게 삶에 대한 진실을 알게 해주는 구성이다. 정반합은 '진실'을 탐구해가는 기술이다. 정반합 구조의 완결감은 내러티브의 완결감을 제공해주고 있다.

통속적이지만 '권선징악', 해피엔딩의 결말을 준비했다는 점에서 〈아가씨〉는 박찬욱이 이제 '대중적 보편성'에 다가가는 것은 아닌가 하는 짐작을 하게 한다. 하지만 여전히 박찬욱은 기존 규범과 제도에 대한 일탈의 신호를 보내고 있다. 동성애 섹슈얼리티를 통한 무계급성을 보여주고 있다는 점에서 그러하다. 일제강점기의 시대극임에도 불구하고 철저하게 '민족주의'와 '역사성'을 배제·거세하고 있다는 점이다. 일제시대라는 시대적 배경은 단순한 맥거핀일 뿐이다. 영화는 도리어 영화적 공간을 '미학적'으로 구성하기 위해 시대를 도구화한 듯한 느낌을 준다. 그리하여 이념이나 민족을 넘어선 미학주의, 선악을 넘어선 미학주의, 이성애를 넘어선 평등만민의 여성 동성애는 세계규범에 대한 저항으로서의 박찬욱의 세계관을 드러낸다. 여성 동성애야말로 계급과 자본의 탐욕으로 가득 찬 절대권력, 자신의 제국 안에 모든 것을 감시하며 통제, 관리하는 권력적 시선을 조롱하고 비난하는 복수의 방식이다. 한편 〈아가씨〉에서 여성 동성애는 저항의 한 방식이기도 하지만 인간 보편적 모성, 보편적 사랑의 한 방식으로 제시된다는 점에서 좀 더 근원적인 의미를 지닌다. 대칭성이 전제된 여성 동성애가 성끼리의 계급을 전제하는 이성애의 한계를 넘어서게 한다는 점에서 훨씬 보편적 평등과 민주적 합의의 가능성을 보여주고 있다. (〈아가씨〉 마지막 정사씬에서 히데코와 숙희의 정사씬은 둘 사랑의 무계급성과 평등을 보여주는 상징이 된다.)

영화 〈아가씨〉의 여성 동성애 모티프는 단순한 금기 위반 혹은 이성애주의에 대한 반전의 의미를 넘어선다. 박찬욱 세계관 속에 오랫동안 내재되어 있는 고전 혹은 원형原型, archetype에 대한 관심의 반영이다. 이미 숙지하는 바 중세 유럽에서부터 여성에 대한 이중적 이미지는 성모마리아와 유혹녀 이미지이다. 12세기부터 시작된 성모마리아 숭배의 유행과 더불어 중세유럽에서 특징적인 '귀부인에 대한 연모'도 찾아볼 수 있다. 장자 상속에서 소외되었던 기사들에게, 남편을 잃은 귀부인과의 결혼은 다시 재상의 지위를 획득할 수 있는 손쉬운 방법이었다. 흔히 중세 기사들이 여성에게 바치는 낭만적인 발라드나 귀부인에게 바치는 찬가는 바로 결혼을 통한 재산과 영토 획득을 염두에 둔 것이라 할 수 있다. 이때 여성은 성모 마리아처럼 숭배의 대상이 된다. 그러나 동시에 여성은 이브의 후손이자 유혹녀로서 성적으로 억압된 남성의 욕망을 투사하는 부정적인 대상이 되어 왔다. 그런 이미지 속에서 여성은 유혹녀이자 죄악의 근원으로서 간주, 여성적인 것은 혐오의 대상이 되었다.[30] 유혹녀로서의 여성 이미지는 대표적으로 성경에 나오는

---

30 김현란, 「중세 유럽 사회의 여성에 대한 이중적 태도－혐오(misogyny)와 숭배(cult)－사회구조적, 제도적 요인을 중심으로」, 『서양중세사연구』 27, 한국중세서양사학회, 2011 참조.

이브와 유디트를 들 수 있다. 이중 유디트는 앗시리아 장군 홀로페르네스를 찾아가 유혹한 뒤 잠든 사이 목을 베어 바구니에 담아 예루살렘으로 돌아와 이스라엘 민족의 영웅이 된다.

영화 〈아가씨〉 3부에서 히데코는 마침내 숙희와 짜고 새로운 음모를 꾸민다. 백작을 유혹해 마약을 탄 포도주로 잠들게 한 후 이모부에게 보내고 끝내 손가락이 다 잘리는 고문을 당해 죽게 만든다. 히데코는 낭독회장에서 음서를 읽으며 남성을 유혹하지만 정작은 석녀石女[31]이며 오히려 숙희와의 관능을 음미함으로써 남성적 상상력을 조롱한다. 남성의 성기손가락가 잘리며 죽게 만드는 팜므파탈적 여성이다. 그러면서 히데코는 숙희에 의해 남성 억압에서 벗어나 해방된다. 숙희가 낭독회장의 음서와 그림책을 찢고 물속에 버릴 때 히데코는 자신에게 씌워진 코오즈키의 전제군주적 억압과 지배에서 벗어나 새로운 삶을 살게 된다. 결국 〈아가씨〉는 억압에 갇혀 있던 여성의 성장담 구조를 갖고 있다 할 수 있다. 인간 보편으로서의 '자유'와 해방을 위한 '욕망 서사'라 할 수 있다.

박찬욱의 〈아가씨〉는 지금까지 박찬욱이 보여준 영화와 구별되는 시도를 하고 있다. 즉 3막 구성의 변증법적 구조를 통해 좀 더 인간보편적 정서정반합에 가닿고 있다는 점, 자본과 계급에 의해 탐욕화된 인간 삶에 대한 조롱과 우울한 확인을 넘어선 여성 동성애, 여성 연대라는 금기 위반을 보여준 점, 그것을 통해 새로운 생명모성애

31 후로자와 백작은 히데코의 눈빛에는 욕망이 없으며 그녀와의 교접은 '시체'와 교접하는 것과 같을 것이라고 말한다.

적 연대란 점에서의 해피엔딩을 준비한다는 점 등이다. 동시에 신화적 모티프, 고전원형 모티프에 바탕을 둠으로써 인간 무의식의 원형原形에 가닿아 있다. 박찬욱 영화는 제도와 규범과 계급에 대한 끝없는 질문과 전복을 꾀하면서도 인간 실존에 대한 탐구를 보여주는 끝없는 성찰이라 할 수 있다.

제3장

시간의 의미와 영화형식적 구현

임순례 영화, 〈리틀 포레스트〉

1. 킨포크 문화와 '탈' 현대로서의 체험감각

'킨포크'는 2011년 미국 포틀랜드에서 처음 창간된 잡지로 온라인에 게시된 지 2주만에 600만 뷰를 기록하고 오프라인상에서 베스트셀러에 오른 잡지[1]다. 이와 같은 흐름에 발맞춰 2000년대 중반부터 한국사회에 불기 시작한 '킨포크' 문화는 경쟁과 자본을 대변하는 현대자본문화에 대對한 자발적 소박함에 대한 열망을 지향하는 문화로 큰 반향을 불러일으키고 있다. 대표적인 것으로 JTBC 〈효리네 민박〉시즌1, 2, KBS 예능 〈1박 2일〉시리즈 1~3, tvN 예능 '삼시세끼' 등을 들 수 있다. 킨포크 문화는 거대 이념이나 큰 공동체에 대한 관심보다 감각적인 것으로서의 음식, 체험, 일상에서의 자급자족이라는 소박한 삶의 가치에 주목한다.[2] 매체에서 보여주는 일상

---

1 박주현, 「소박함에의 열망－킨포크 문화를 중심으로」, 『문화와 사회』 제24권, 한국문화사회학회, 2017, 123쪽.

2 킨포크 문화와 이효리와의 연관에 대한 칼럼은 다음 자료를 참고할 수 있다. 강명석, 「제주도, 『킨포크』, 그리고 이효리라는 트렌드」, 『ize』, 2014.6.18. http://ize.co.kr/zrticleView.html?no=2-14061600207242624

적 대상에서의 감각과 배경이 새롭게 부각되자 음식 관련 프로그램이 봇물 터지듯 쏟아지고 있다. 이와 같은 '소확행'으로서의 음식과 공감에 대한 열망은 일본 대중문화에서부터 시작되었다. 한국에서도 지속적인 인기를 끌고 있는 일본 드라마 〈심야식당〉, 〈고독한 미식가〉, 일본 영화 〈해피해피 브래드〉, 〈카모메 식당〉, 〈바닷마을 다이어리〉, 〈리틀 포레스트〉 등이 그것이다.

일상성으로서의 음식, 자급자족 혹은 배려로서의 소집단 공동체에 대한 추구가 나타나게 된 배경은 무엇인가. 산업 문명이라는 현대 문명사회에 대한 '피로감'과 격렬한 생존주의에 대한 '회의'라 할 만하다. 환경오염, 생명 파괴와 비인간화, 노동에서의 소외는 근대문명이 형성된 이후 이미 지속적으로 제기되어 온 문명비판이다. 하지만 한국 현대사회는 더 커다란 낯선 불안에 직면해 있다. 도래하게 될 4차 산업혁명시대의 불안, 즉 노동의 종말과 새로운 라이프스타일로봇과 드론과 인공지능의 시대에 대한 두려움이 그것이다. 출구가 없어 보이는 청년실업과 저출산 / 초고령화 그리고 오랫동안 지속된 경제불황은 현대인에게 만성적 우울과 분노를 키워낸다. 김홍중은 IMF 외환위기 이후 한국 사회에서 생존이 "사회적으로 합의된 삶의 목적"[3] 으로 작용하고 있다고 언급한다. 한국 사회는 정치적으로 식민, 해방, 전쟁, 독재 등의 극한의 위험 속에서 극단적 생존주의 현실을 살아왔다. 그럼에도 현재 한국 사회에서 생

---

3 김홍중, 「서바이벌, 생존주의, 그리고 청년 세대 – 마음의 사회학의 관점에서」, 『한국사회학』 제49집 1호, 2015.2, 186쪽.

존주의가 주목되는 것은 생존이 "조직화되면서 지향적 가치"[4]가 되었기 때문이다. 집합 심리적 분위기 속에서 생존은 "사회 지향 가치 그 자체"[5]가 되었다.

경쟁주의에서 비롯되는 극단적 분노와 혐오는 현대인의 정체성과 자아감을 위협하고 있다. 청춘에게 '꿈과 희망'에 대한 유포는 조작되고 날조된 광고에 불과한 것이 되었다. 2000년대 후반의 글로벌 경제위기, 지속적인 저성장 기조 등으로 청년들은 생존주의에 훨씬 민감해 있다. 한국 외환위기2009 이후 사회공동체는 한국 청년들을 기득권에서 맹렬히 밀어내고 있다. 산업화 1세대가 한국 산업사회를 주도함으로써 한국 부동산의 막대한 부를 형성한 데 반해 2000년대 이후 문화산업을 주도한 청년 세대들은 진로, 취업, 주택에 대한 절망과 체념에 익숙해질 수밖에 없었다. 이와 같은 사회적 배제로부터 자신을 스스로 구제하는 것 그것은, 지역, 국가, 세계 안의 빈민과 난민이라는 거대 이슈보다 '순수한 자기 자신의 소박한 행복'이다. 이를테면 디자인에서 미니멀리즘에 대한 관심이라든가, '혼족'으로서의 라이프스타일, '욜로'로 대표되는 여행 붐, 캠핑문화와 트레일러 문화, 제주도와 파주 일대의 동호회 마을 등을 예로 들 수 있다.

이와 같은 문화 취향은 자기중심적 폐쇄적 성향과는 또 다른 차이를 갖고 있다. 2000년대 문화산업 청년들이 보여주는 생존전략

4 위의 글, 206쪽.
5 박주현, 앞의 글, 147쪽.

은 최소한의 자아로서의 '자기 충족성'[6]을 찾는 것이다. 그러므로 처음 보는 낯선 타인과도 취향과 가치관이 같으면 얼마든지 마음을 여는 소통이 가능하다. 닫힌 마음가짐을 배제하고 '있는 그대로에서 가까운 사람과 가까운 행복을 소중히 여'긴다. 불합리한 사회에서 불안해하지 않고 "자신이 머무는 소집단 내에서 동료들과 상호승인을 받을 수 있는 위안"[7]을 소중히 한다.

지치고 공허한 한국 현대사회에서 더 이상 재테크로서 부동산의 길도 막혀 있을 때 위안을 주는 가장 가까운 것이 '음식'이다. 음식은 육체적인 부분과 정신적인 부분이 함께 결합된 감각 체험의 핵심이 된다.

임순례 감독 〈리틀 포레스트〉[8]는 이러한 킨포크 문화로서의 소박함과 일상성을 보여준다. 자급자족으로서의 음식 해 먹기, 고향 친구들과 함께 농사짓고 먹고 마시며 떠들기, '키워서 먹고 대화하고 소일하기'라는 순수한 자연주의는 기본적인 생태주의로서의 인간 본연의 생명주의를 보여준다. "생존을 위한 자기방어를 최대한 해제"시키는 과정이다. 문명에 대한 근본적인 거부라는 점에서 생활 정치의 한 단면을 보여주기도 한다.

---

6 후루이치 노리토시, 이언숙 역, 『절망의 나라의 행복한 젊은이들』, 민음사, 2015.

7 박주현, 앞의 글, 143쪽.

8 임순례 감독이 일본 영화 〈리틀 포레스트〉를 리메이크할 때 한국판에서 주요 매체의 관심 포인트는 요리와 자급자족에 맞추어져 있다. 장영엽, 「〈리틀 포레스트〉 혜원의 자급가족 농촌라이프」, 『씨네21』, 2018.3.7; 박지훈, 「〈리틀 포레스트-사계절〉 요리가 소환하는 기억과 사유」, 『씨네21』, 2018.3.28 등.

이 글은 한국사회의 청년들이 직면한 현실과, 대안 정치의 한 단면을 보여주는 킨포크 문화로서의 영화 〈리틀 포레스트〉를 '시간 양상'을 중심으로 살펴보고자 한다. 근대 산업 문명을 이룩한 근본적 기제로서의 '근대적 시간'과 그와 대비되는 '몸의 시간'을 분석하고 '시간예술'로서의 영화구성에서 '생명체의 시간'이 어떻게 영화적 시간으로 구조화되는지에 대하여 살펴보겠다.

2. 몸의 사회학과 근대적 시간

영화 〈리틀 포레스트〉는 고향이었던 농촌을 떠나 도시에서 학업을 끝내고 임용고시를 준비하던 혜원이 다시 고향으로 돌아와 사계절을 보내는 것을 주 서사로 한다. 혜원은 서울에서 편의점 알바를 하면서 편의점 도시락으로 끼니를 때우며 임용고시를 준비한다. 그러나 함께 고시를 준비하던 남자친구는 시험에 붙지만 자신은 낙방한 채 시골고향집으로 내려온다.

시골집(아침)

마당에 쌓인 눈을 치우는 혜원

내레이션 내가 이곳에 온 걸 아무에게도 알리고 싶지 않은데…….

(그때 오토바이를 타고 혜원을 찾아오는 친구 은숙)

(어쩔 수 없이 은숙을 반기는 척하는 혜원)

은숙　언제 왔어? 나한테 연락도 하지 않고.

혜원　(민망한 듯 잠잠히 싸리빗자루로 눈을 쓴다)

은숙　너 갑자기 왜 온 거야? 시험은 합격한 거야? 야 그런거 있으면 나한테 미리 미리 연락하라고 했잖아. 남친은? 걔도 붙었냐?

내레이션　아, 아, 아, 아픈 곳만 콕콕 찍어내는 친구가 있다. 은숙이가 그런 애다.

은숙　알겠다. 시험 떨어지시고 남친은 붙고. 이이그. 존심 상해서 잠수 타고 여길 왔네. 너 예전에도 그랬다. 시험 망치면 혼자 얼굴 벌개 가지고 보고도 못 본 척하고 연락도 안 하고. 어쨌든 그래서 온 거지?

혜원　그게 아니고. 나 배고파서 내려왔어.

은숙　배가 아파서가 아니라?

혜원　진짜 배고파서.

(낄낄 웃는 혜원. 어이없어하는 은숙)

은숙　뭐래…….

혜원은 시골에 내려온 이유를 남친은 시험에 붙고 자신은 떨어져 배가 아픈 게 아니라 실제로 물리적으로 "배가 고파서" 내려왔다고 말한다. 가난한 고시생의 일과는 시간을 쪼개서 편의점 알바를 하고 식비를 아끼기 위해 편의점에서 유통기한 지난 도시락을 먹는 것이다. 다음 씬에서는 편의점에서 혜원이 삼각김밥을 먹는 장면, 편의점에서 유통기한 지난 도시락을 집에 가져와 먹다 음식이 상해 뱉어버리는 장면이 나온다.

몸을 상징 가치의 담지체이자 육체 자본의 한 형태로 본 부르디외는 몸이 생물적 현상인 동시에 사회적 현상이라는 견해[9]를 견지해왔다. 후기 자본주의 사회에서 육체 자본은 경제 자본으로 전환된다.[10] 육체 자본은 자연적이고 생물적인 외양을 띠고 있는 것처럼 보이지만 근대자본주의는 철저하게 경제 자본으로 전환을 요구한다. 즉 현대사회에서 몸은 권력의 행사와 사회적 불평등의 재생산에 훨씬 더 복잡한 역할을 담당하면서 다양한 계급과 계급 분파들의 한 형태가 된다. 편의점에서 유통기한 지난 도시락을 먹으며 뱉어낼 수밖에 없는 혜원의 몸은 현대자본이 어떤 방식으로 육체적 토대를 만들어내는가를 결곡하게 보여준다. 몸은 사회적 지위와 정체성의 최종 시급이 되고 있다.

혜원의 원룸 냉장고 안은 텅텅 비어 있고 생수 물병만 있다. 혜원은 노량진 고시촌 포장마차에서 파는 길거리 컵밥을 먹거나 편의점 삼각김밥을 먹으며 육체적, 정신적 공복감을 느낀다. 근대 사회에서 몸은 자아라는 프로젝트를 구축할 수 있는 토대였지만 자본의 지배가 팽만해진 후기 근대사회에서 몸은 자아에 의해 통제

---

9 크리스 쉴링 , 임인숙 역,『몸의 사회학』, 나남, 1999. 215쪽.
10 위의 책, 204쪽.

가능한 것이 아닐 뿐만 아니라 자아정체성의 유지도 힘든 매개체가 되었다. 혜원은 실제로 "배가 고프고" 그것은 자신의 자아정체성마저도 흔들리게 한다.

근대 이전의 몸은 '자연'의 일부였다. 하지만 근대 이후 육체가 육체자본이 된 이후 몸은 다양한 상품화의 방식으로 구축된다. '자연'의 일부인 '몸'에 거대자본으로서의 기술적인 개입이 일어나게 되는 경우에 자본상품이 몸에 개입하기도 한다. 식이요법, 운동, 섹스, 퍼스널 트레이닝, 아로마 스파, 기분 전환, 자세와 피부관리 프로그램, 성형 영역에 관한 상품과 지식안내가 쏟아져나온다. 육체가 육체자본으로 소비될 때는 노동력의 매매와 밀접한 연관을 가진다. 몸은 포괄적인 형태의 육체자본이 된다.

편의점에서 계산원은 자신의 몸을 대상으로 하는 노동을 하는 것이며 동시에 감정노동을 담당하게 된다. 즉 몸은 육체적 소비와 감정적 소비를 동시에 감당하는 매개체가 된다.

\# 서울 노량진 근처 편의점

(편의점 직원 복장을 하고 계산대 포스기를 누르는 혜원)

혜원 이거 오류 뜨는 표시거든요. 혹시 현금이나 뭐 그런 거 없어요?

중년 아저씨 (술 취한 듯한, 노숙자 폼이 나는) (고래고래 소리를 지르며) 아이고 요즘 현금 갖고 다니는 사람이 어딨다고? 내가 방금 쓰고 왔다니깟! 이걸 똑바로 긁어야지. 매니저 나오라고 해!

후기 근대 사회에서 자본이 육체를 지배와 종속의 위치로 재배치시키는 방식에는 단순히 육체노동만이 있지 않다. 소위 '감정노동'이 있다. 감정노동이란 "고용주가 고용인에게 기대하는 얼굴 표정과 육체적 표현을 만들어내기 위해서 고용인이 자신의 감정을 관리하는 것을 일컫는다".[11] 크리스 쉴링은 감정노동을 표면 연기와 내면연기 두 가지로 나누어 설명하고 있다. 표면 연기는 말 그대로 느끼지 않는 것을 가장하여 실제를 위장하는 방식이며 내면연기는 감정생산을 점거하고 실제로 자신의 느낌을 변화시키는 것을 일컫는다.[12] 표면 연기와 달리 노련한 감정 노동자들은 내면연기를 능숙하게 해내는데 이를테면 고객이 한 행동을 정당화하면서 스스로 미안해하고 이해하는 감정을 느끼게끔 자신을 설득한다는 것이다.

그러나 혜원은 노련한 감정 노동자가 아니다. 편의점에서 술에 취해 억지를 부리며 소리를 지르는 고객을 마주할 때 혜원은 자신의 육체가 철저하게 육체적으로 감정적으로 육체 자본이 되었다는 것을 알게 된다. 감정노동은 몸이 보내는 신호를 의식적으로 거부하는 행위이다. 해서 혜원은 억지를 부리는 고객을 상대하면 할수록 육체의 느낌과 자각 사이의 분열을 느낄 수밖에 없다.

그럼에도 혜원이 이 노동시스템에서 벗어날 수 없는 것은 근대적 시간의 질서 속에 놓여 있기 때문이다. 후기 근대에서 육체자본

---

11 크리스 쉴링, 임인숙 역, 위의 책, 173쪽.

12 위의 책, 174쪽.

을 통제하는 것은 '근대적 시간'이다.

시간은 하나처럼 리듬에 맞춰서 움직이는 모든 것에 존재한다. 따라서 하나처럼 움직이는 각각은 각기 다른 시간을 갖는다. 시간은 이처럼 다양하게 만들어질 수 있다. (…중략…) 우리의 삶은 다양한 리듬, 다양한 시간을 만들어낸다." 이진경은 자연과 인간이 리듬에 맞춰 움직임에 따라 시간이란 형태를 만들어내었다고 본다. 농부가 계절혹은 자연에 따라 움직일 때 농부의 움직임이 리듬을 추는 것과 같다.[13] 이때 삶의 리듬에 의해 고유한 시간적 질서가 부여되지만 그때 박자는 단조로운 반복이 아닌 나름의 변이를 포함한 질서이고 차이를 포함한 반복이다.

하지만 근대 이후 시간은 카오스로서의 미분화된 시간에 동일한 동작을 대응시키는 방식으로 작용하게 한다.[14] 근대는 시간을 '균질화'시키고 '차이 없는 반복'으로 동일화시킨다. 그렇게 해서 임금은 시간 단위로 계산되고 지불된다. 노동가치는 인간의 노동시간에 의해 상품가치로 결정된다. 즉 근대의 경제학은 '근대적 시간의 경제학'이며 시간과 화폐는 하나로 동일한 것이다.[15] 시간이 돈이라는 것은 자본가의 주관적인 공상이 아니라 교환의 비율을

13 이진경, 『근대적 시공간의 탄생』, 그린비, 2010년, 6쪽 참조.

14 이진경, 『근대적 시·공간의 탄생』, 푸른숲, 2002, 31~32쪽 참조. 찰리 채플린 영화 〈모던 타임스〉에서 공장기계부속에 끼여 같은 동작을 되풀이하는 모습에서 차이없는 반복에 의해 철저하게 노동으로부터 소외는 개체로서의 인간을 보여준다.

15 이진경, 위의 책, 70~72쪽 참조.

결정하는 어떤 척도를 통해 객관적으로 존재하는 현상이다. 그것은 바로 '가치'라 불린다.

좀 더 높은 상품성 있는 가치를 개발하기 위해 자본가는 자연스러운 삶의 리듬과 분리된 형식으로 좀 더 빠른 속도와 좀 더 정확한 완전성을 요구하게 된다. 이것이 근대가 요구하는 속도이다. 결과적으로 육체노동은 균질화된 시간의 배분 속에서 시간 당 화폐로 환원되는 근대적 시간 속에 놓인다. '빠름의 속도'라는 파시즘적 속도에 강제될 수밖에 없다.

편의점에서 아르바이트야말로 철저하게 '시간의 경제학'으로 계산되는 노동이다. 특히 편의점은 밤낮의 구분도 없고 휴식도 없는 24시간 경제활동을 전제한다는 점에서 이윤추구라는 자본주의의 극단을 보여주고 있다. 아르바이트생의 노동은 엄격하게 '시간'에 의해 화폐화되며[16] 혜원은 '근대적으로 균질화된 시간'에 철저하게 규제되는 존재인 셈이다. 시간과 화폐에 의해 현대인들은 '동일한 형식'으로 획일화되고 존재 변형을 경험할 수밖에 없다.

혜원과 달리 지방대학을 나와 서울 모 회사에 취직했다 귀경한 고향친구 재하는 회사에서의 생활을 이렇게 읊조린다.

> 회사 생활이란 게 스스로 결정할 수 있는 일이 많지 않더라구. 생각할 여유도 없이 왜 사는지도 모르겠고……. 월급날이나 꾸역꾸역 기다

16 '시급'이란 용어야말로 '근대적 시간'이 현대인을 어떻게 규제하는가를 적확하게 보여준다.

리며 사는 게……. 어느 날인가 문득 내 모습을 보고 있자니, 가슴이 터질 거 같더라구.

자신의 노동과 분리된 채 살아가는 회사원은 거대한 시스템의 부속 같은 존재이다. 과장은 재하를 야단치며 소리를 지른다.

어디서 이런 어리바리한 게 들어와가지고. 야! 월급 축내지 말고 정신 똑바로 차리고 일하라고! 아 이 새끼 이거 완전 또라이네 이거.

"어리바리한"라는 것은 재빨리 일을 하지 못하는 것을 의미한다. 회사가 요구하는 정확성과 폭력적인 속도를 따라잡지 못할 때 비인격적인 폭언을 듣는다. 조직의 효용가치에서부터 배제될 때 재하는 자발적으로 먼저 "자신의 시간"을 찾기 위해 회사를 나와버린다.

근대문명 자본주의는 인간을 삶의 리듬에서부터 분리해 시간을 균질화된 하나의 '형식'으로 동일화해버린다. 시계적 시간은 자본주의의 화폐 형식과 결합하여 육체노동을 육체자본으로 변질시키는 것이다.

3. 몸의 기억과 생명체의 시간

도시의 삶이 혜원에게 남겨준 것은 밤에 무서운 소리가 들려 공포에 시달릴 때도 누를만한 번호가 별로 없다는 자기 확인이다. 휴대폰에 켜지는 연락처는 기껏 "스터디, 학원샘, 집주인, 편의점 주인, 친구 은쑤기" 정도다. 임용고시에 낙방하면 경쟁주의에서 낙오된 '루저'가 된다는 생각에 남자친구의 전화도 제대로 못 받는 열패감에 시달린다. 경쟁주의, 편의점 아르바이트 일과 학원에서의 공부가 혜원에게 빼앗아간 것은 시간이다. '근대적 시간', 즉 시간적인 강제와 통제를 통해 작업을 관리하는 근대 자본 시스템에서부터 자신의 삶을 구원해내는 방법은 무엇일까.

혜원의 시골집 마루(겨울밤)

내레이션 재하는 멋진 주사를 가지고 있다. 그는 해답을 갖고 이곳에 돌아왔다. 난,

인서트 (노량진 학원에서의 수업. 길거리에서 컵밥을 먹는 혜원)

내레이션 더 이상 견디지 못하고 도망치듯 떠나왔다.

혜원은 그 '답'을 찾기 위해 고향으로 돌아온다. '가속'의 시간 속에서 '감속'으로 방향 전환을 하는 것. 그것은 다시 생명체의 시간, 자연의 시간으로 돌아오는 일이다.

겨울 저녁, 처음 시골집으로 돌아온 혜원은 아궁이에 불을 지피

고 밭에서 배추를 잘라 와 배추전과 배추된장찌개를 끓여 먹는다. 색색이 들어간 팔시루떡을 해 친구인 은숙과 재하와 나눠 먹고 막걸리를 빚어 배추전과 함께 먹고 봄이 와서는 양배추 샌드위치, 오꼬노미야끼, 꽃파스타, 여름에는 라자르블랭, 크램블랭, 콩국수를 만들어 먹고 가을에는 떡볶이를 나눠 먹고 사과잼과 밤꿀을 담그며 초겨울에는 곶감을 깎아 처마 끝에 걸어 말린다.

롤랑 바르트에 의하면 음식은 의사소통 체계이고 이미지의 구현체이다.[17] 음식은 단순히 생존본능을 위한 물리적 실체가 아니라 관계를 드러내거나 소통을 위한 의미작용을 담당한다. 혜원이 시골집에 내려와 처음 하는 '먹기'는 '자기 몸'을 먹이는 것이다. 혜원은 끝없이 자르고 썰고 조리고 끓이고 먹는다. 그것은 타자화된 몸 감각을 정상적으로 회복시키기 위한 자기 몸에 대한 봉양이라 할만하다. 혜원은 밭에서 자란 쑥을 잘라 와 쑥국을 끓여놓은 식탁 앞에서 "잘 먹겠습니다" 음식에 인사한다. 혜원은 먼저 자기 자신과 소통하기 시작하고 음식과 소통하기 시작한다.

근대가 시작하면서 음식은 감각적 쾌락과 신체적 건강을 유지하기 위한 수단으로 간주되었다. 몸은 경제적으로 재편되기 위해 적극적으로 관리, 양육되어야 할 대상이다. 식민시절 때 조선인의 '몸'은 건강한 '신민'으로 거듭나기 위한 양성의 대상이었다.[18] 근

---

17 이경, 「근대소설과 음식의 기호학」, 『현상과 인식』 28권, 한국인문사회과학회, 2004, 135쪽.

18 소래섭, 「백석 시와 음식의 아우라」, 『한국근대문학연구』 16, 한국근대문학회, 2007, 280쪽.

이미지 제공 : 메가박스(주)플러스엠

대 이후 우유와 육식을 강조하면서 음식에서 '영양'이나 '생활개선책'이 생겨난 것은 몸을 국가 사회복지를 위한 한 대상으로 간주한 것이라 할 수 있다.

그러나 세상의 모든 음식은 또 하나의 '생명체'이다. '먹는다'는 행위는 다른 생명체를 죽이지 않고는 안되는 행위인 셈이다. 음식이란 자신의 생존을 위해 다른 생명체의 생명을 덧입는 것이며 또 음식을 먹은 생명체 또한 죽어서 누군가의 생명체를 이어가는 음식이라는 점이다. 해서 음식에는 우주와 자연의 생명 순환이라는 거대한 운영의 사이클이 내재되어 있다. 음식 안에서 자연과 세계에 대한 근원적인 겸손과 외경이 깔려 있다. 음식을 통해 모든 생명체들은 양립하고 공존한다. 사람 또한 자연의 일부이며 함께 유대와 교감을 나눌 평등한 존재라는 점이다.

혜원이 밭에서 쑥을 잘라 와서 쑥국을 끓인 식탁 위에 앉아 "잘 먹겠습니"라고 음식에게 인사하는 것은 이와 같은 음식에 담긴 우주와 자연의 이치, 우주의 모든 유기체들이 거대한 순환 속에서 생명 운동을 하고 있다는 대법칙에 대한 예의라 할 수 있다. 근대 이후 음식이 욕망의 대상이거나 몸이 경제적 의미로 재편하기 위한 하나의 대상이었다면 영화 〈리틀 포레스트〉에서 '음식'은 신성한 생명체와 연결되는 또 하나의 우주적 주체가 된다.

혜원은 막걸리를 직접 빚은 후 친구인 재하와 은숙을 불러 모은다.

혜원의 집 마루(겨울밤)

(담근 막걸리 항아리의 향을 맡는 혜원. 막걸리를 맛보는 혜원)

내레이션 최고의 안주는 알싸한 추위와 같이 마실 사람.

혜원 야, 진짜 맛있다.

재하 야, 추운데 문 좀 닫아.

혜원 (고개를 좌우로 흔들며) 으음, 겨울 술은 알싸한 추위와 함께 마셔야 한다니까.

재하 (몸을 오그리며) 아, 추운데…….

(…중략…)

(짠, 하며 셋이 잔을 들어올린다.)

혜원 맛있다.

은숙 니가 내려오니까 우리 셋이 술 먹는 날이 온다.

재하 우리 진짜 처음 먹네.

혜원 그러네.

은숙 야, 좋긴 한데, 내가 올라가려니까 니가 먼저 올라오면 어떡해.

혜원 (콧날을 긁적거리며 술기운에 몸을 휘청거리며) 야, 아르바이트만 하는데 편의점 알바 얼마라고……. 커피 한 잔도 못 마셔. 나 드립커피 좋아하는데 커피도 못마시고.

끼니를 대충 때우고 소통도 하지 않고 남들을 앞설 생각으로 나의 업무에 집중하는 고도의 경쟁사회에서 혜원은 늘 긴장할 수밖에 없다. 진짜 음식을 만들어 먹거나 음식을 먹으며 함께 공동체의 친밀감을 느끼기보다는 간편한 스튜나 냉동식품을 선택한다. 혜원의 육체는 '근대적 시간' 시스템하에서 철저하게 시계적 시간으로 관리되어야 하기 때문이다.

음식은 신의 증여[19]와 관련되어 있다는 점에서 음식의 윤리학을 찾아낼 수 있다. 그것은 '배려의 윤리'이다. 음식은 자연의 일부로서의 자신의 몸을 봉양하는 것을 넘어서서 타자에 대한 배려, 친밀감, 소통과 교감의 상징이 된다. 편의점 알바를 하면서 커피 한 잔도 못 사 먹는 혜원은 시골에 내려와 직접 빚은 막걸리를 나눠 마신다. 비로소 그들은 셋의 우정과 근원적인 친밀감을 재확인한다. 제대로 된 식사를 하는 것은 쉬어가는 휴식과 타인과의 소통을 의미한다.

한편 음식은 몸의 기억을 불러일으킨다. 과거 엄마가 만들어준

19 예수는 "내가 진실로 진실로 너희에게 이르노니 인자의 살을 먹지 아니하고 인자의 피를 마시지 아니하면 너희 속에 생명이 없느니라. 내 살을 먹고 내 피를 마시는 자는 영생을 가졌고 마지막 날에 내가 그를 다시 살리리니 내 살은 참된 양식이요 내 피는 참된 음료로다"(요한복음 6 : 53~55)라고 말씀한다.

팥시루떡, 막걸리, 오꼬노미야끼, 라쟈르블랭 크램블랭을 만들어 먹으며 고등학교 입시가 끝나자마자 편지 한 장을 남기고 사라진 엄마를 기억해낸다. 갑자기 파업을 하듯 현장에서 사라진 엄마를 한편으로 원망하고 한편으로 그리워한다. 혜원은 엄마의 레시피대로 음식을 하나씩 만들어가며 엄마가 떠난 이유를 이해하고 받아들인다. 이렇듯 영화는 모성에 대한 기억을 음식으로 소환하며 어머니와 딸의 화해 과정을 그리는 듯 보여준다.

동시에 영화는 혜원이 자기 자신의 삶을 돌아보며 자신의 근원성을 찾아가는 성장담으로 읽히기도 한다. 혜원은 도시적 자본주의가 보여주는 화려하고 풍성한 음식이 아니라 소박하면서 간단한 식재료의 음식을 만든다. 스스로 키운 농작물로 자급자족한다. 스스로 주체가 되어가는 길을 보여준다.

경쟁과 부유함을 자발적으로 거부하는 데서 얻게 되는 것은 한가함이다. 혜원은 여름 대낮, 툇마루에 앉아 꼼짝하지 않고 하늘을 본다거나 시원한 콩국수를 잘 말아 신에게 제사를 지내듯 맛있게 먹는다거나 한다. 그것은 "아무것도 하지 않고" 휴식하는 자유, 자급자족할 만큼의 식재료로 간단하게 차려내는 음식의 소박함을 보여준다. 이와 같은 삶에서의 휴식은 킨포크 문화에서 추구하는 소박한 삶의 한 장면이라 할 만하다.

"계획을 짜거나 사랑하거나 결정을 내리거나 행복을 이야기를 하기 전에 사람은 실질적으로 아무것도 하지 않고 시간을 보"내는 것이 필요하다. 킨포크는 이를 '제대로 된 빈둥거림'이라고 명명하

기도 한다.[20]

"흩어짐distraction이 적을수록 신God에게 집중하기가 쉽다는 청교도적 이론"은 이와 상응한다. 여름은 "철퍼덕 드러누워 꼼짝 않고 있어야 하는 계절"이며 "나무 그늘에 앉거나 잔디밭에 드러누워서 하늘에 떠다니는 구름을 멍하니 응시"[21]해야 하는 계절이다.

이와 같이 근원적인 고독감에 자신을 텅 비우듯 던져놓는 행위. 이와 같은 태도는 '무위'를 내세우는 '노자 사상'과 닮아 있다.

노자는 삶이 소중하다는 생각에 사로잡혀 조급한 마음으로 무엇인가를 더 얻으려 다투고 작위적으로 되는 순간 욕망의 노예가 된다고 말한다.[22] 있는 그대로의 삶, 노자는 잘 사는 삶이란 있는 그대로 사는 삶이라고 말한다. 있는 그대로 인정하고 묵묵히 살아가는 것이라 말한다. '도'라는 것은 행복은 행복대로 불행은 불행대로 집착하거나 두려워하지 않고 삶에서 피어나는 모든 것을 그대로 경험하고 그것에 함몰되지 않고 경험하는 나를 자각하는 것이라고 말한다.[23] 이와 같은 있는 그대로의 삶은 일상이 주는 작은 행복을 발견하고 감사하는 킨포크의 삶과 일치한다.

아빠의 요양차 내려온 시골집에서 엄마는 아빠가 돌아가신 후

---

20 김주원, 윤갑근, 「미니멀리즘 건축공간에 나타난 동양적 사유 방식에 관한 연구」, 『한국실내디자인학회 논문집』 20, 한국실내디자인학회, 1999, 86쪽.

21 킨포크매거진, 김미란 역, 『킨포크 12호』, 디자인이음, 2014.6.26, 18쪽.

22 이현지, 「노자 죽음관의 탈현대적 함의」, 『원불교사상과 종교문화』 44, 원광대 원불교사상연구원, 2010, 284쪽.

23 이현지, 「노자사상과 잘 사는 삶」, 『사화사상과 문화』 18권 1호, 동양사회사상학회, 2015, 14쪽.

에도 서울로 돌아가지 않는다. 입시가 끝나자마자 엄마는 이런 편지를 혜원에게 남기고 떠난다. "엄마가 다시 서울로 돌아가지 않은 이유는 너를 이곳에 심고 뿌리내리게 하고 싶어서였어. 혜원이가 힘들 때마다 이곳의 바람 냄새와 흙 냄새와 햇빛을 기억한다면 언제든 다시 털고 일어날 수 있을 거라는 걸 엄마는 믿어."

혜원은 시골집으로 돌아와 사계절을 보내며 사계절의 음식을 해 먹고 농사를 거든다. 마침내 다시 겨울이 오고 혜원은 자신의 삶에 해답을 찾은 듯 서울 생활을 정리하기 위해 다시 시골집을 떠난다. 그것은 재하가 은숙에게 말하는 대로 시골집으로 영원히 귀환하기 위한 떠남이다. 재하는 말한다. "아주심기. 지금 혜원이는 아주심기를 준비하는지도 몰라." '아주심기'란 가을 양파 모종을 겨울 밭에 옮겨 심어 겨울을 견디고 봄에 열매를 맺게 하는 작업을 말한다. 더 이상 옮겨 심지 않고 완전히 심는 것을 의미한다. 농사를 짓는 과정, 씨를 뿌리고 키우고 거름 준 밭으로 옮겨 심는 과정은 인간 삶의 과정이기도 하다. 자연의 삶과 인간의 삶은 유비적 연관 속에 놓여 있다. 자연의 일부였던 인간이 기억상실증에서 깨어나 인간적 삶 본래의 자연의 삶과 융합하는 순간이기도 하다. 혜원은 '아주심기' 즉, 다시 완전히 돌아오기 위해 서울로 다시 떠난다. 그것은 근대적 시간에서 '몸과 생명체의 시간'으로 옮겨 심어 가는 과정이라 할 수 있다.

4. 기승전결과 반복 순환으로서의 시간

근대적 시간을 벗어나 직접 만든 음식의 맛을 음미하고 멍하니 여름 하늘을 바라보며 부채질을 하는 시간, 빚은 막걸리를 마시며 함께 웃고 떠드는 작은 공동체의 시간, 이것이 킨포크 문화로서 몸 시간의 회복이라 할 수 있다.

근대적 시간을 지양하는 영화의 서사는 고전적 영화 관습, 즉 발단, 전개, 갈등, 절정, 결말과 같은 직선적인 플롯linear plot을 지양한다. 라쉬는 위기의 사회는 긴장과 이완이 반복되는 예술이나 정점에 의존하는 예술을 필요로 하지 않는다고 본다.[24] 고난 중의 사회 구성원들은 극적인 해결책에 대한 환상을 지우고 일상과 자아에 몰두한다.[25] 갑자기 모든 것이 해결되는 클라이맥스나 클라이맥스로 모든 갈등이 배설됨으로써 완벽한 해결을 이루는 '완전한 내러티브'는 더 이상 구성원들에게 현실적이지 않다. 오히려 회의적일 뿐이다. 생존주의의 긴장에서 벗어나게 하는 것은 긴장→이완, 긴장→이완의 반복보다는 훼손되지 않는 안온한 일상의 시간에 대한 열망이다.

그런 점에서 영화 〈리틀 포레스트〉 서사의 구성은 아리스토텔레스의 3막 구성이라는 오랜 전통을 벗어난다. 3막 구성은 정-반-

---

24 Lasch, Christopher, *The Minimal Self : Psychic Survival in Troubled Times*, New York : W. W. Norton. 1984, pp.130~132.

25 박주현, 앞의 글, 139쪽.

합의 구성, 즉 갈등의 극화와 '화해'라는 변증법 논리에 의지하고 있다. A는 B에 의해 부정을 당하고 B는 C에 의해 부정을 당한다. 부정의 부정을 통해 C는 다시 A를 긍정한다. 3막 구성은 부정을 통한 변증법적 종합을 향해 나아가는, 안티테제의 등장과 대결, 그리고 해결 혹은 종합이라는 구성을 갖는다.

이에 반해 4분절 구성으로서 기승전결은 갈등과 화해의 미학을 보여주기보다 유연 미학을 보여준다. 기승전결의 4분절의 구성은 중국 한시에서 '절구'의 구성에서 그 예를 찾아볼 수 있다. 절구는 1수가 4행으로 구성된 시 양식이라는 점이 가장 중요한 특징이다. 이 점은 중국이나 한국 일본 등 한자문화권 전체에 똑같이 적용되는 기본적 형식 요건[26]이다. 이때 절구는 평진서기平眞舒起 → 종용승지從容承之 → 완전변화宛轉變化 → 접속발현接續發現과 같은 구성원리[27]를 가진다. 즉 1행 기구起句는 평탄하고 진솔하게 시상을 일으키고, 2행 승구承句는 조용하게 그 뜻을 계승하며, 제3행 전구轉句는 완연히 돌려 변화시키고, 제4행 결구結句는 이를 접속하여 발현시키는 역할을 한다. 여기서 중요한 것은 제3구, 전환의 방향키[28]라고 할 수 있다. 또한 기승전결로서의 4분절 구성은 팽팽한 대립이나 반전적 통찰이라기보다 조용하고 평연한 정중동의 과정을 이룬다. 이것이 4분절 구성의 미학의 핵심이라 할 수 있다.

---

26 황위주, 「절구의 개념과 양식적 특징」, 『선비문화』 15, 남명학연구원, 2009, 41쪽.
27 신영명, 「절구, 시조, 하이쿠의 미학적 비교」, 『우리문학연구』 제35집, 우리문학회, 2012, 75쪽.
28 황위주, 위의 책, 47쪽.

이와 같은 관점은 영화 〈리틀 포레스트〉에 매우 적확한 분석의 지점을 제공한다. 즉 영화는 강도 높고 치밀한 긴장, 팽팽한 갈등과 화해, 혹은 반전적 통찰을 보여주지 않는다. 오히려 〈리틀 포레스트〉는 유연한 시간의 흐름과 조용하고 평온한 '정중동'의 과정을 천천히 따라가고 있다. 이와 같은 과정은 카메라 기법에서도 드러난다. 잦은 롱숏과 롱테이크에 의한 '관조'와 '고요'라든가, 긴장을 애써 배제하려는 '절제'된 카메라 워킹이 그것이다.

〈리틀 포레스트〉는 고조된 밀도를 보여주는 영화가 아니다. 오히려 방종하듯 시간을 풀어놓고 사계절의 변화를 찬찬히 따라가고 있다. 즉 겨울혜원이 시골집으로 돌아옴 — 봄봄음식을 해먹으며 차츰 적응 — 여름친구와의 사소한 오해와 화해, 음식을 통한 엄마 기억 소환 — 가을삶에서 선택의 순간이 왔음을 감지 — 겨울다시 도시로 떠나 정리하고 완전한 귀향

〈도표 1〉[29]

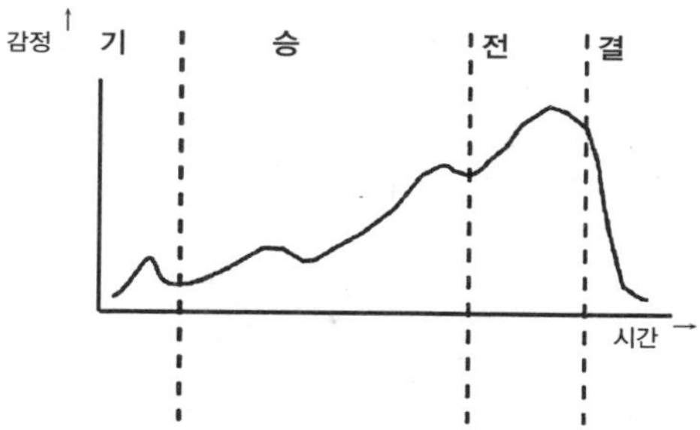

영화 〈리틀 포레스트〉에서 기승전결 4분절 구성은 봄-여름-가을-겨울이라는 사계절로 나눠지는 듯하지만 사계절 흐름은 순환

29 warmania 일본통신실 블로그 참조, http://warmania99.egloos.com/4232352

적 시간을 보여주기 위한 시간적 배경이다.

영화에서 기승전결 4분절은 다음과 같이 나눠진다.

[기] 겨울 – 시골집으로 돌아온 혜원, 서울로 곧 돌아갈 것이라 지속적으로 말하지만 시골에 남기로 결정

[승] 봄과 여름 – 계절음식을 해먹고 고모와 재하의 농사일을 거들어주며 유대를 쌓아가고 자신 삶의 문제들을 돌아봄

[전] 가을 – 재하의 말에 자신의 문제를 해결해야겠다는 결정이 섬

[결] 겨울 – 시골을 떠나 다시 서울로 가서 자신의 삶을 정리하고 다시 귀향

[에필로그] 봄 – 다시 돌아온 봄을 만끽하며 시골길을 자전거로 달리는 혜원

〈도표 1〉에서도 보이듯 **[승]**구간이 가장 넓은 구간을 차지하게 되고 [전]에서 방향 전환의 키를 보여주게 된다. **[승]**구간에서 봄과 여름을 보내며 시골생활에 적응해 가던 혜원은 **[전]**구간에서 재하의 말을 듣게 된다. 가을 사과밭에서 사과를 따는 재하는 자신의 일을 돕는 혜원에게 이렇게 말한다. "서울 간다 간다, 입에 달고 살던 애가 가을 갈무리 아주 오부지게 하시네. 그렇게 바쁘게 산다고 문제가 해결이 돼?" 재하는 혜원이 자신의 삶의 방향 혹은 삶의 해답에 대하여 스스로 결정 혹은 선택을 하게 하는 결정적 계기가 된다. 삶의 문제를 해결하려는 것이 아니라 단순히 "견디려고" 한 자

신을 돌아본 혜원은 폭풍에서 살아남은 사과를 재하로부터 선물 받으며 폭풍을 헤쳐나갈 스스로의 결정이 남았음을 알게 된다.

기승전결의 4분절 구성은 3분절 구성이나 2분절 구성보다 긴장도를 더 많이 나눠 풀어주기 때문에 분절 사이의 긴장도가 상대적으로 낮다. 분절 사이의 긴장도는 4분절 〈 3분절 〈 2분절로 이루어진다.[30] 이와 같은 이유로 4분절 구성은 문제상황을 극적 클라이맥스가 아니라 유연한 미학으로 풀어주는 측면을 갖는다. 혜원은 시골에서 보낸 사계절의 생활과 재하의 충고를 통해 자연스럽게 자신의 선택의 방향을 잡게 된다.

영화에서 사계절의 변화는 영화의 시간적 배경으로 중요한 역할을 한다. 봄, 여름, 가을, 겨울 사계절의 순환은 농경 생활양식에서 가장 일반적인 계절적 리듬이다. 농경 생활은 계절에 종속되어 있기 때문이다. 사계절은 순환적 시간의 완벽한 구성이라 할 수 있다.[31]

고대 원시 사회에서 시간은 신의 시간으로서 순환적이라 믿어왔다. 하지만 역사를 통해서 시간은 순환적인 것에서 직선적인 것으로 바뀌었다. 역사란 단지 과거 일어난 일을 기록하는 것이 아니라 권력의 정통성을 입증하기 위한 특별한 사건을 선별, 포섭한다. 즉 역사는 성과의 축적이고 결과이므로 시간은 돌이킬 수 없는 것으로 기록되어야 했다. 누적되고 발전된 역사는 '돌이킬 수 없는 것'이어야 한다. 역사의 권력자는 정권의 정통성을 지키기 위해 시

30 신영명, 앞의 글, 87쪽.

31 G. 드보르, 이경숙 역, 『스펙타클의 사회』, 현실문화연구, 1996, 107쪽.

이미지 제공 : 메가박스(주)플러스엠

간을 불가역적인 것으로 만들고 그것을 위해 역사를 기록하기 시작했다.[32]

이러한 시간관을 영화적 구성에 대입할 수 있다. 3분절 구성, 즉 3막 구성은 인과적 사건에 의해 종점클라이맥스를 향해 달려가는 '돌이킬 수 없는' '불가역적 시간'을 지닌 내러티브다. 이에 반해 4분절 구성, 기승전결 구성은 직선적 시간에 대항하는 순환성의 시간, 즉 신화적 시간이 내재된 내러티브라 할만하다. 선 / 악이 대립하고 희 / 비가 교차하는 대립이 아니라 정 / 동이 함께 공존하는 정중동의 미학은 '무위'로서의 자연, 자연스러움으로서의 시간의 순환을 되찾는 유연함의 미학이다.

농촌의 시간은 도시 편의점에서 시간당으로 분절되는 노동의 가치가 아닌 해가 뜨고 해가 지는 흐름, 계절이 바뀌는 구분에 의

32 이진경, 『근대적 시 · 공간의 탄생』, 푸른숲, 2002, 38~39쪽 참조.

해 좌우된다. 그것은 씨 뿌릴 때, 김맬 때, 추수할 때와 같이 자신들의 몸으로 느낄 수 있는 자연의 시간이며 자연의 순환과 연결된다. 자연의 순환은 모든 것이 궁극에는 '종말'이라는 3분절 구성, 3막 구성과는 구분된다. 모든 것은 다시 순환하고 그 순환은 자연의 흐름처럼 영원하다는, 생명의 반복과 연결된다. 이와 같은 관점은 종교적 관점에서 죽음과 마지막 심판에서의 구원이라는 기독교적 세계관과 모든 생명체의 윤회와 연기설을 설파하는 동양철학과의 대비로도 연결 지어볼 수 있다.

5. 자연적 시간 회복이라는 의의와 한계

무정형으로 흐르는 불확정성으로서의 현대사회, 현대인들은 축소된 자아 안에서 막연한 불안과 두려움을 느끼며 살아간다. 테크놀로지의 발전과 심화되는 계급 갈등, 극단화된 생존주의 현장에서 킨포크 문화는 새로운 대안적 삶의 양식으로 떠오른다. 소박하고 단순한 삶의 양식은 단순한 미학적 선택이라기보다 생존주의가 주는 피로감에서 탈피하기 위한 필연적 결과라 할 수 있다.

혜원이 시골로 돌아와 맞게 되는 사계절, 직접 음식을 해서 먹는 과정, 씨를 뿌리고 키우고 거두는 일 등은 생명체의 시간을 회복하는 일이다. 삶의 리듬을 깨뜨린 '근대적 시간'으로부터 존재를 해방시키는 것은 자연적 리듬의 순환성인 것이다.

〈리틀 포레스트〉의 4분절 구성으로서의 기승전결은 영화형식과 내용의 평형을 이루며 구성의 미학적 의의를 달성한다. 순환과 반복은 '영원한 생명'이라는 주제적 암시를 담고 있다. 즉 자본논리에 의해 지배적 도구적 객체로서의 삶이 아닌 직접 심고 낳는 주체로서의 삶이다. 내 삶을 내가 통제하고 있다는 자기충족으로서의 삶이다.

영화는 근대적 시간에 종속된 한국의 청춘들이 어떤 방식으로 화폐화된 시간의 지배에서 벗어나 몸의 시간, 자연적 시간으로 회복되는가를 보여주고 있다. 하지만 '시각 예술'로서 영화는 비쥬얼로서 보여주기의 미학화를 양식적으로 완성시켜야 한다는 전제를 깔고 있다. 즉 킨포크 문화가 하나의 스타일로 미학화되었듯이 영화 또한 시각예술로서 양식의 미학화에 집중할 수밖에 없다. 그런 점에서 영화는 러닝타임 내내 혜원이 음식을 해먹는 과정에서 음식의 다채로운 빛깔, 플레팅의 고급스러움, 그릇과 부엌소품의 세련됨을 보여준다. 사계절의 변화는 내셔널지오그라피 급 수준의 자연풍광과 자연물, 달팽이나 나뭇잎에 맺힌 이슬 등을 클로즈업한다. 자연풍광은 아름답고 음식관련 모든 미장센들은 단아하고 세련되어 있다.

그런 점에서 대안 생활정치로서 킨포크적 삶, 자급자족으로서 삶을 선택한 혜원의 삶의 양식은 현실적 한계를 환기시킨다. 이미지로서의 삶에 머무를 수 있다는 점이다. 실제 시골 농사일, 과수원 일은 만만치 않은 노동을 요구한다. 시골 풍광은 롱테이크로 잡왔을 때와 달리 아름답지 않을 수도 있으며 음식은 고급스럽게 플레팅해서 먹을 만한 여유나 한가함이 없을 수도 있다. 〈효리네 민박〉을 보고 직접 제주도로 거처를 옮긴 이들이 실제 현실 앞에서 좌절했듯이 영화 관객 또한 영화 이미지와 현실의 삶 사이에 큰 괴리를 느낄 수 있다. 영화 관객들도 영화를 보고 당장 짐을 싸서 시골로 내려갈 수 없다는 것을 명확하게 알고 있다.

다만 영화가 주는 소박함, 한가한 여유, 음식이 주는 따뜻한 가치는 생존주의 현실을 벗어날 수 있는 어떤 '위안'이 될 수 있다. 과도한 소비를 부축이고 경쟁주의로 몰아가는 '지금, 여기, 한국'의 생존주의에 대한 조용한 내파라는 것을 알 수 있다. 영화는 대안 생활 정치로서의 한 양식을 제시하고 있다. 그것을 통해 현대인들은 끔찍한 한국 현실을 견뎌나가는 잠깐의 '소박한 꿈'을 맛보게 될 것이다.

제4장

기억과 심리에 접근하는 영화형식

이수진 영화, 〈한공주〉

1. '재현할 수 없는 것에 대한 재현'이라는 문제

주지하다시피 이 영화는 '밀양 여중생 집단성폭행' 사건을 배경[1]으로 하고 있다. 감독에게는 실화를 바탕으로 하는 영화에서 오는 부담, 즉 현실과 허구를 어떤 방식으로 재구성할 것인가 하는 지점 외에도 '집단성폭행'이라는 소재가 갖는 충격성을 어떤 영화적 방식으로 보여줄 것인가 하는 고민이 전제한다. '보여주기'는 영화의 생래적 특징이며 '스펙터클'의 문제는 영화의 존재론적 성격이기도 하다. 영화가 '보여주는' 장르로서 관객을 매료시키는 극점에 위치할 때 영화는 관객을 매혹시킬 스펙터클을 향해 달려가는 '뤼미에르 형제의 기차'인지도 모른다. 그러나 때로 고발과 비판의 관

1 손종업, 「누가 공주를 죽였는가에 관한 잔혹한 물음—영화를 통해 바라본 문학적 리얼리티」, 『문예운동』, 문예운동사, 2015.6, 262쪽. "실화를 바탕으로 했으면서도 실화에 바탕했다는 자막도 없고 특정한 지역을 확인할 수 있는 지표도 없다. 카메라는 한공주에게만 초점이 맞춰져 있다." 이러한 영화적 태도는 한국사회 내 보편적 폭력과 불편한 진실이 만연해있음을 보여주려는 감독의 의도가 아닌가 한다.

점에서 재현된 여성 성폭행의 영화적 묘사는 관음적 소비의 대상이 되곤 한다. 영화 〈한공주〉에 대하여 남다은은 "책임지지 않으려 하는 관음적 시선"[2]이라 비판하고 있고 박우성은 "피해자의 고통을 윤리적으로 재현하는 것"에 일부 성공했지만 주인공을 역시 "타자화된 여성의 틀에 가"두고 환상으로 처리된 결말 또한 다분히 "무책임한"[3] 결말이라며 한계를 지적하고 있다. 여성 신체가 물화되는 가장 폭력적인 장면에 대한 묘사, 재현 그 자체가 여성 신체를 물화시키는 시선의 폭력이 될 수 있다는 고민이 감독에게 재현 윤리 문제로 남아 있는 것이다.

처음부터 이 영화는 '있어서는 안 될 광포한 폭력 사건'을 영화화한다는 점에서 '재현 방식'의 고민을 함축하고 있다. "어떤 방식으로 재현할 것인가, 무엇을 재현할 것이며 그 재현양식은 무엇일까" 하는 재현 방식의 문제를 문제 삼을 수밖에 없는 영화이다. 현실의 외설과 폭력을 반복하지 않으면서 영화적 재현은 가능한 것인가 하는 지점, 재현 방식의 윤리에 대한 문제는 감독의 의도와 타협, 그것을 수용하는 관객의 개별적 주관적 반응, 또 그것을 전체적으로 해석하며 분석하는 연구자들의 개인적 취향과 태도에 따라 복합적으로 얽혀 있는 논점임에 틀림없다. 젠더, 섹슈얼리티,

---

2 남다은, 「윤리와 폭력과 연민의 이상한 동거－현실의 외설성을 모방하고 반복하는 〈한공주〉의 어떤 장면에 대해」, 『씨네21』, 2014.5.29. http://www.cine21.com/news/view/?mag_id=76987

3 박우성, 「자기 반영성 영화미학의 윤리적 가능성과 한계－〈한공주〉의 재현 방식에 대한 일고찰」, 『드라마연구』 49, 한국드라마학회, 2016, 126쪽.

생물학적 성, 인종, 혈통의 문제는 훨씬 복잡한 사회문화적 쟁점이 내포되어 있다.

재현의 윤리를 따지는 부분이 관객에 대한 영화적 책임을 질문한다는 점에서 충분히 의미있는 샷대질이란 생각도 든다. 하지만 관음으로서 소비냐 폭력성에 대한 고발이냐에서 그 판단의 척도 자체가 상대주의적 입장에 빠질 수 있는 위험이 있다. 재현 윤리에 대한 질문은 질문의 회로 안에서 주관적 입장만을 확인하기 쉬운 질문이 되기도 쉽다.

그런 점에서 영화 〈한공주〉의 영화미학으로서의 성취에 좀 더 주목하는 것이 영화에 대한 의미 있는 접근이란 생각이 든다. 〈한공주〉는 스토리텔링을 매우 예각화하며 고민한 영화라는 점이다. 즉 이 영화는 스토리텔링, 즉 담화의 방식, 이야기의 방식을 가장 섬세하게 고민하고 있는 영화라 할 수 있다. 이야기의 짜임새, 이야기의 전달, 그 전달의 방식에 대해 고민하면서 사건 그 자체보다 인물의 심리, 심리의 이미지와 상징을 카메라 워킹과 시선과 구조로 담아내고자 한다.

이 영화가 단순한 현실고발을 넘어서는 지점도 이와 같은 지점이다. 이 영화는 과거에 실제로 있었던 사건을 다시 가져와 보여주는 것이 아니라 오히려 과거의 기억을 재현하는 데 수반되는 그 '복합성'과 '삐걱거림'을 제시하려고 한다. 영화는 한공주가 끔찍한 사건을 겪은 후 다른 도시로 전학을 가면서 시작하고 있다. 그 이후 시작되는 과거의 기억, 즉 망각 속에 놓고 싶은 과거는 다시 어쩔 수 없는 현재의 모순과 틈을 비집고 솟아난다. 솟아난 과거가 현재를 방해하고 틈을 만들고 마침내 현재를 망가뜨리려 할 때 영화는 고전영화에서 보여주는 단순한 플래시백, 플래시 포워드의 관습적 약속을 따르지 않는다. 〈한공주〉는 고전영화에서 문법, 즉 현재의 개연성을 설명하기 위한 과거의 소환, 그렇게 완성되는 내러티브의 완결성, 인과율로서의 내러티브, 시공간 일관성의 관습을 벗어난다.

과거 기억을 소환하는 기법은 이미 오래전부터 영화에서 존재해 왔다. 그러나 제2차 세계대전 이후 레네의 영화에서 시간의 소환은 훨씬 모더니즘적 기법으로 나타난다. 단순한 플래시백이 아닌 다양한 차원의 시간 제시의 방식, 모호한 내러티브와 모순에 의한 결말의 미완결성, 열려진 결말, 끝없는 모순 등[4]이 나타나게 되었다.

상처받은 시간을 소환하는 것은 '재현할 수 없는 것에 대한 재현'이란 점이다. 사건에 대한 외상을 환기시킬 때 그 외상은 균열의 방식으로 전달될 수밖에 없다.

그리하여 영화에서 플래시백은 현재를 균열시키고 시간은 현재와 과거가 불연속적으로 섞인다. 공간 너머로 과거에서 울리는 실체 없는 목소리보이스 오프(voice off)가 들리면서 현실과 환상이 섞인다.[5]

4 Cathy Caruth, *Unclaimed Experience: Trauma Narrative, and History*, Baltimore : The Johns Hopkins University Press, 1996, p.125.

5 "보이스 오프(voice off) 장치는 시간을 가로지르며 과거와 현재 사이의 경계를 없앤다." 심은진, 「밤과 안개에 나타난 기억과 재현의 문제」, 『문학과 영상』 10, 문학과영상학회, 2009, 674쪽.

영화는 외연의 사건을 따라가는 듯하면서도 인물의 심리적 사건에 주목한다. 인물의 눈을 통해 제시되는 현실에 대한 공포를 미장센의 상징으로 드러내기도 한다.

영화 〈한공주〉는 '재현할 수 없는 것에 대한 재현 방식에 대한 고민'을 보여주면서 이러한 모더니즘 기법으로서의 불연속적인 새로운 구조의 시간성을 보여준다. 영화는 다른 층위의 시간을 공존하게 하면서 내러티브의 전진적인 흐름을 방해한다. 기억의 분열적 특징은 영화의 외연적 사건을 넘어서 심리극으로서의 이미지를 보여주고 있다. 이러한 영화 미학적 요소가 청소년 여성 성폭행 문제를 다룬 여타의 영화들, 〈돈크라이 마미〉, 〈방황하는 칼날〉, 〈오로라 공주〉, 〈공정사회〉와 구별되는 지점이다. 감독은 절제된 감정표현을 카메라 워킹, 시간의 뒤섞임, 인물의 표정과 대사 등을 통해 드러냄으로써 객관적 비판의 거리를 취한다.

〈한공주〉에 대한 기존의 글들은 한공주의 모습을 통해 '부끄러움'이라는 사회적 관계로서 윤리를 질문하게 하는 영화[6]라고 언급함으로써 영화미학에 대한 언급이 부족하거나 시간 조작, 이중플롯, 시점 등으로 스토리텔링을 분석[7]하지만 영화형식에 대한 섬세한 분석이 부재하다 할 수 있다.

이 글은 그런 점에서 어떻게 전달할 것인가, 하는 전달 방식의

---

6 문재철, 「〈한공주〉—시선과 부끄러움 그리고 윤리」, 『현대영화연구』 20호, 현대영화연구학회, 2015, 156쪽.

7 김경애, 「우리들의 일그러진 자화상—영화 〈한공주〉의 스토리텔링 연구」, 『한국영상』 13권, 한국영상학회, 2015, 70쪽.

문제 즉 재현으로서의 영화형식에 주목한다. 영화에 있어서 무슨 내용의 이야기가 다루어지는가보다는 '어떻게' 이야기를 다루느냐 하는 형식이 훨씬 중요하기 때문이다. 영화의 예술성을 좌우하는 것은 영화만이 가지고 있는 특수한 영화언어, 이를테면 배우의 연기, 카메라 각도와 위치, 숏의 종류, 몽타주, 효과음향, 음악 등을 어떻게 이용해 영화를 구성하느냐[8]에 있다.

이 글에서는 이 영화형식[9] 중에서 특히 스토리텔링 구성으로서의 시간 구조와 카메라 기법을 중심으로 영화 스토리텔링을 분석하고자 한다. 궁극적으로 이와 같은 영화형식이 어떻게 영화적 메시지에 기여하고 있는지를 살피게 될 것이다.

2. 과거와 현재의 불연속적 동시성

영화의 첫 씬은 영화적 암시로서 공주의 내레이션으로 시작한다.

한공주 조용히 머릿속으로 음계를 그리면 눈앞에 모든 것이 순간 음표로 바뀌어. 그리고 노래가 시작돼. 숨소리, 발자국소리, 바람소리, 철 긁는 소음까지도……, 괜찮다, 괜찮다 하면서, 그러면 외로움도 슬픔도 잠시 잊어.

---

8 김금동, 「Alfred Hitchcook 영화의 형식적 특징과 관객의 심리－영화 The Bird (1963)분석을 중심으로」, 『영화연구』 20호, 한국영화학회, 2002, 8쪽.

한공주는 소리를 통해 슬픔과 외로움을 다독이려 하고 있다. 과거를 잊고 싶어한다는 것을 보여준다. 흑백 화면 속에서 들려오는 공주의 독백은 음악에 의지해 위로받고 싶은 어린 소녀의 가녀린 소망을 드러낸다. 공주의 실체는 화면에 드러나지 않은 채 목소리만으로 시작하는 이 장면은 "육체 없는 목소리"로 앞으로 시작될 이야기의 상징으로 작용한다. 이어지는 두 번째 씬에서 화면이 현재로 들어서게 된다. 대체 그녀의 슬픔은 무엇인가.

고등학교 교장실 안. 교장과 고개 숙인 한공주가 마주 앉아 있고 다음, 카메라는 교장 뒤쪽에 서 있는 교사들을 하나씩 훑고 지나가고 교사들은 소파에 앉아 있는 한공주를 난감한 듯 혹은 정죄하는 듯한 시선으로 '내려다보고' 있다. 그녀를 둘러싼 현실은 그녀에게 어떤 유죄의 근거를 찾아내려고 하고 있다. 카메라가 공주를 보는 '시선'의 표정에 주목하고 있을 때 고개 숙인 공주가 그 시선에 응답이라도 하는 듯 기어들어 가는 목소리로 말한다. "전 잘못한 게 없는데요."

그녀가 무슨 잘못을 한 것인가. 누가 잘못을 저질렀는가. 그녀를 둘러싼 주변 사람들이 왜 돌팔매질을 하듯 내려다보고 있는 것인지 이유를 알기도 전에 관객은 공주가 싸워야 하는 것이 공주를 유

---

9 범주의 개념화에서 영화의 양식, 형식, 스타일이라는 개념은 혼돈될 수 있다. 영화 스타일은 영화적 양식으로 해석될 수 있겠지만 '양식'은 좀 더 포괄적 의미를 함축한다고 할 수 있으며 영화 스타일은 카메라 등 좀 더 기술적인 것과 연결된다 할 수 있다. 영화 양식과 영화형식은 비슷한 범주의 개념으로 사용하되 이 글에서는 '영화형식'이란 용어로 통일하려 한다.

죄 혹은 더러움의 징표로 정죄하려는 '타자의 시선'이라는 것을 알게 된다.

"전 잘못한 게 없는데요"는 곧 유죄의 시선으로 타자가 공주를 소환해서 앉혀놓았다는 뜻이며 공주에게 잘못을 묻고 있다는 것을 전제한다. 비극적인 사건이 있은 후 학교는 오히려 피해자인 그녀를 다른 학교로 전학 보낸다. 가해자가 아닌 피해자를 전학 보내는 학교의 처사에 이해할 수 없기 때문에 공주는 '해결되지 않은 상태'로 기억을 간직할 수밖에 없다.

공주는 자신의 뜻과 상관없이 급하게 다른 도시로 전학을 가게 되고 공주의 담임은 전학절차를 마친 뒤 중국집에서 탕수육을 사주며 말한다. "너 잘못 안 한 거 다 알아. 근데 그건 아니야. 잘잘못은 법원에서 따지는 거구. 사람 사는 세상에 죄지으면 죄인이고 그렇지 않다고 그렇지 않은 것도 아니야. 알려져서 좋을 게 없잖아", "지금 조용히 일 처리하고 있어, 기자들도 모르고"[씬18]. 경찰서의 형사는 조서를 꾸미며 공주에게 빨리 있었던 일을 말하라고 다그치며 "어린 년, 쪽 팔려"라고 소리를 지른다. 공주는 죄지은 양 고개를 숙이며 두려움에 울먹이며 있었던 과거 사실을 말하 못한다[씬25]. 담임은 조용히 일 처리해야 한다는 것으로 형사는 정죄하듯 윽박지르는 방식으로 공주의 입을 막아버리다. 침묵에 대한 강요 혹은 어쩔 수 없는 침묵이라는 '말할 수 없음', '말해서는 안됨'이라는 주문은 자기억압의 명령으로 작용하며 공포의 기억을 매장하기 위한 극단적 방어기저로 작용해나간다. 철저하게 가두려는 기억, 외상으로

닫힌 과거 기억에 대하여 감독은 어떤 방식으로 접근할 수 있을까.

공주에게 '과거'라는 외상 후 장애뿐 아니라 그녀를 바라보는 '현재의 시선' 또한 그녀가 감당해야만 하는 무게라는 것을, 영화가 전제할 때 관객은 궁금해진다. 대체 과거 그녀에게 무슨 일이 있었나?

영화는 과거를 거슬러 가면서 나중에 진실이 밝혀질 것이라는 영화와 관객의 묵계하에서 진행된다. 관객은 후에 밝혀질 진실을 기대하면서 영화를 본다. 그러나 영화 〈한공주〉는 현재와 연속체로서의 과거를 향하지 않는다. 과거는 여러 층으로 나눠져 있을 뿐만 아니라 시간의 선형적 흐름을 끝없이 파괴하며 내러티브에 상처를 입힌다. 과거의 기억은 현재에 존속되어 지속적인 균열을 만들어 내는 것이다. 과거는 현재와 얽히면서 과거 또한 시간 순서에 따라 전개되지도 않는다. 현재 속에 과거가 끼어드는 듯하지만 과거 속에 현재가 끼어드는 듯하다. 시간의 얽힘은 관객의 보다 적극적 능동성을 요구하는 듯하다.

영화 〈한공주〉는 고전적인 영화문법, 즉 기억 혹은 과거의 진실에 다가가는 시각적 코드로서 플래시백, 플래시 포워드와 같은 관습적 방식을 피해간다. 고전영화에서의 플래시백과 같은 관습적 방식은 기억을 통해 시간적 공간적 일관성을 꾀한다. 현재의 모순은 과거를 통해 통합된다. 기억의 재현은 현재의 영화적 리얼리티를 완성하고 통합하기 위해 구조화된다. 즉 과거는 현재에 종속되어 있으며 현재의 영화적 재현에 복속된다.

하지만 〈한공주〉에서의 과거 기억 혹은 외상의 기억들은 현재를 균열시키고 더 나아가 영화 텍스트 전체를 균열시킨다.

과거는 끝없이 솟아나 현재와 적극적으로 충돌한다.[10] 기억들은 전달할 수 없는 언어로 한공주에게 솟아나고 정확하게 현재와 공존하면서 현재를 균열시킨다. 그녀는 성폭행 사건 후 다시 새롭게 자신의 현재를 끝없이 구성하고자 하지만 과거는 다시 솟아나 그녀의 현재 속으로 틈입한다. 이것이 결국 스토리텔링의 탈구脫臼 : 뼈의 어긋남라 할 수 있다.

3막 8장 구성에 따른 과거 / 현재의 시간 분량과 내용

발단	구성점1	밀착점1	중간점 (미드포인드)	밀착점2 (위기의 도래)	구성점2 (파국의전조)	클라이맥스	대단원
현재 21분39초	과거(5분51초) → 현재(12분6초) → 과거(1분1초)	현재(3분40초) → 과거(2분 12초) → 현재(15분 25초)	과거(50초) → 현재(8분11초)	현재(6분39초) → 과거(5분9초) → 현재(4분19초)	과거(1분 37초)	현재(4분 56초) → 과거(3분 16초)	현재 (4분 58초) → 과거(28초) → 현재(9분 27초)
전학, 전담임의 엄마집에서 기거	과거 : 경찰서에서 조사받음 현재 : 재혼한 엄마를찾아감	현재 : 새 학교에서 적응하려 함 과거 : 화옥과 동윤과 친구시절	과거 : 집단성폭행 당함 현재 : 은희와 친해지며 웃음을 찾음	현재 : 탄원서에 싸인을하라며 찾아온공주의 아버지 과거 : 동윤의 친구들의 위협 현재 : 학급친구 들의환대를받는 공주	과거 : 강에 자살한 화옥	현재 : 오디션에 붙은걸 축하하는 친구들 현재 : 교실로 찾아온가해자의 학부모들 과거 : 성폭행 현장에 들이닥친 동윤아빠	현재 : 다시 트렁크를 싸서집을나옴 과거 : 성폭행현장에 자신의아들만데리고 나오는동윤아빠 현재 : 한강에투신 하는공주

밀착점1은 이제 전학 간 학교에서도 잘 적응하는 공주의 모습을 보며 관객들은 뭔지 모르지만 이제 모든 과거는 잘 덮였고 문제는 어느 정도 해결됐다고 생각한다. 관객은 안심한다. 총 러닝타임 112분에서 62분의 지점이다. 현재 시점에서 과거 일을 잊고 학교에 어느 정도 잘 적응한다고 생각했던 공주의 안정된 지점이다.

잠시 머물고 있는 숙소 주인인 전 담임의 엄마와의 관계도 좋은 듯 그려진다. 전 담임의 엄마와 그녀의 불륜남 파출소 소장과 전 담임과 공주, 넷이서 중국집 짜장면을 먹으며 파출소 소장이 공주의 집 나간 아빠도 찾아줄 수 있다는 호기를 부릴 때 공주는 반색하며 즐겁게 짜장면을 먹는다. 이후 홀 테이블로 자리를 옮긴 뒤 담임은 공주에게 가해학생들이 다 유죄판결을 받았고 다 잘될 거라고 하고 전학 간 학교생활은 어떠냐고 묻는다.

그러나 바로 다음 씬이 과거로 전환되었을 때 관객은 충격을 받는다. 한공주가 화옥과 함께 집단성폭행 당하는 장면이 등장한다씬63. 영화의 중간점, 미드포인트 지점이다.

뭔가 안정을 찾은 듯한 공주의 현재 장면씬62과 적나라한 성폭행 과거 장면씬63의 봉합은 터무니없다. 중간점 이후 영화는 점점 더 그 봉합의 불균형을 넓혀간다.

중간점 미드포인트에서 비로소 관객은 타자들의 시선에 노출되고 자신의 모습이 핸드폰에 찍히는 것을 극도로 꺼리는 불안정한 공주의 히스테릭한 심리의 이유를 알아차린다. 공주의 끔찍한 과거를 알아차린 관객 앞에 영화는 공주의 현재를 향해 달려간다. 친근하게 다가오는 은희와 결국 친해진 공주가 밝은 웃음을 되찾는

10 장민용, 「영화 재현에 있어 기억의 문제-아방가르드 영화를 중심으로」, 한양대 박사논문, 2008, 126쪽. 장민용은 영화 〈쇼아〉를 분석하면서 재현의 방식, 즉 과거와 현재, 그때와 지금, 여기와 저기가 같은 시간과 공간 속에서 융합되는 기이한 경험에 대하여 서술한다. 이와 같은 방식은 들뢰즈가 말하는 '과거와 현재의 동시성'과도 연결되는 지점이다.

전환이 미드포인트에 동시적으로 나타난다는 점. 영화는 이렇게 현재와 과거의 불연속적인 어긋남을 끝내 봉합편집해가며 균열의 아이러니를 만들어간다.

과거점점 불행해지는 공주와 현재점점 행복해지는 공주는 중간점 이후 밀착점2와 구성점2를 거치면서 그 간격이 더욱 벌어져간다. 밀착점2에서 과거 시점, 동윤과 그 불량한 친구들이 공주를 겁탈할 듯 위협해올 때 현재 시점의 공주는 반 친구들에게 둘러싸여 친구들의 동경 대상으로 숭배받으며 좋아한다. 마침내 화옥이 자살하고 영화가 클라이맥스의 지점을 향해 치달을 때 과거 시점과 현재 시점의 정서는 극단적으로 충돌한다. 연예기획사에서 공주를 가수로 키워주겠다고 찾게 됐다며 친구들의 환호를 받는 가장 행복한 시점에, 과거의 외상은 눈덩이처럼 커져 돌이킬 수 없는 참혹한 비극처럼 공주를 찾아온다. 가해자 학부모가 공주의 교실로 '탄원서'를 들고 들이닥친 것이다씬81. 클라이맥스 과거 시점에서 집단성폭행 주동자의 얼굴악의 상징을 카메라 앞에 클로즈업시킴으로써 공포에 가까운 숨막히는 충격을 관객에게 던져준다씬82.

외상의 기억은 현재의 삶에 영향을 미치고 한공주에게 지속적인 기억의 간섭으로 나타나 모호한 불안증과 몸짓으로 드러난다. 그러다 미드포인트를 기점으로 영화의 편집은 가혹해지기만 한다. 현재의 공주가 악몽의 과거로부터 멀어졌다고 생각하는 순간 외상은 커다란 바위돌처럼 그녀 앞에 폭탄처럼 던져져 그녀가 안간힘을 다해 지키고자 하는 가녀린 소망을 짓밟는다. 영화는 점점

시간진행에 따라 나타나는 과거 / 현재의 감정 변이

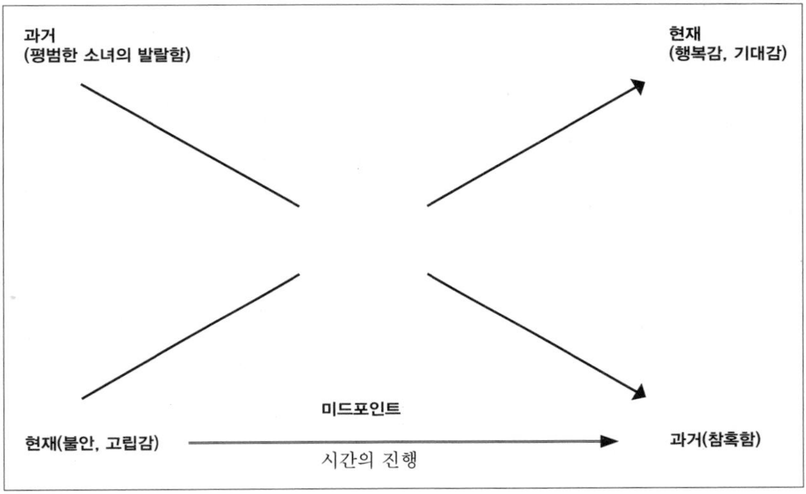

더 행복해지려는 현재와 점점 더 참혹해지는 과거의 시점들을 봉합함으로써 소녀의 비극성을 극대화시킨다.

기억을 망각 속으로 덮고자 하는 공주와 기억을 끝없이 호명해내 과거를 들쑤시고자 하는 주변 인물들. 영화는 현재의 삶 속에서 과거의 외상을 끝없이 밀어내려는 한 소녀의 이야기로 진행되지만 과거는 현재와 서로 뒤엉키며 혼재한다.

이와 같은 과거와 현재의 공존으로서의 시간성은 들뢰즈의 시간 이미지를 떠올리게 한다. 들뢰즈에 있어서 현재의 현실화된 이미지와 과거의 잠재적-가상적 이미지는 함께 있을 수밖에 없다고 본다.[11] 이전과 이후라는 것, 혹은 과거와 현재라는 시간적 순서가

11 Gilles Deleuze, Huge Tomlinson 외역, *Cinema* 2, University of Minnesota Press, 1989, p.45; 박성수, 『영화 이미지 이론』, 문화과학사, 1999, 16쪽 재인용.

등장하지만 그 순서적 연속성은 닫혀진 것이 아니라 동시적 공존이 가능한 것이라고 설명한다.[12]

들뢰즈의 논리는 다음과 같다. 과거가 과거로 존재하기 위해서는 먼저 이전에 그것은 현재여야 한다는 논리는 성립하지 않는다. 즉 과거가 과거로 성립하기 위해서 먼저 새로운 현재가 있어야 한다는 말은 성립하지 않는다는 것이다. 만일 그것이 성립한다면 지금의 현재가 과거가 되기 위해서는 먼저, 다음의 현재가 미리 주어져 있어야 하기 때문이다. 그러나 다음의 현재란 없다. 따라서 과거가 과거로 존재하기 위해서는 그에 선행하는 현재가 필요한 것이 아니라, 현재가 동시에 이미 과거여야 한다.[13]

이와 같은 사유는 과거는 현재에 존속된다고 믿었던 베르그손의 사유와 일치한다.[14] 과거의 기억은 현재에 속해 있되 현재 속에서 불연속적인 방식으로 드러날 수밖에 없다고 본다.

과거와 현재의 불연속적 공존이란 사유는 현대영화에 영화문법과도 일치한다. 들뢰즈는 고전영화와 달리 현대영화는 컷이 균열이 되어버려 그것이 비합리적인 봉합을 가져온다고 말하고 있다.

영화 〈한공주〉는 이와 같은 '과거-현재'의 비합리적인 봉합을

---

12 "어떤 현재도 그것이 현존(present)하는 바로 '그때에' 지나간(past) 것이 아니라면 현재란 경과(pass)할 수 없다. 즉 어떤 과거도 그것이 현재였음과 동시에 구성되지 않으면 결코 구성될 수 없다. 그런 점에서 현재와 과거는 동시성을 갖는다." 위의 책, 17쪽 참조.

13 위의 책, 17쪽 참조.

14 앙리 베르그손, 박종원 역, 『물질과 기억』, 아카넷, 2005, 251쪽.

계속해서 이어간다. 동윤 아버지 전화를 안 받으려고 닫은 수영장 사물함 문[현재]은 화옥이 닫은 싱크대 문과 결합하고[과거] 동윤이 끝까지 공주를 성폭행한 것을 부인하더라는 전 담임의 말[현재]은 동윤의 성폭행장면[과거]을 불러온다. 공주가 우는 장면[현재]은 화옥이 책상에 누워 눈물을 흘리는 장면[과거]과 봉합하고 수영장 문틈으로 새어 들어오는 불안한 빛을 보는 장면[현재]은 화옥이 동윤과 일진들을 공주의 집으로 불러들인 날 공주가 아파트 현관으로 들어서는 장면[과거]과 결합한다. 과거는 현재와 함께 움직이고 현재는 과거와 함께 용솟음친다. 봉합은 한결같이 연결되는 듯하면서 불연속적이고 균열은 더욱 고조된다.

현재[21분 39초] → 과거[5분 51초] → 현재[12분 6초] → 과거[1분 1초] → 현재[3분 40초] → 과거[2분 12초] → 현재[15분 25초] → 과거[50초] → 현재[14분 50초] → 과거[5분 9초] → 현재[4분 19초] → 과거[1분 37초] → 현재[4분 56초] → 과거[3분 16초] → 현재[4분 58초] → 과거[28초] → 현재[9분 27초]

영화 초반부에서 현재시점이 좀 더 많이 노출되지만 후반부에서 과거 시점은 훨씬 더 빠른 속도로 현재시점에 개입하고 틈입한다. 중간점, 즉 미드포인트 이후 '과거'는 더 빠른 속도로 현재에 끼어든다. 중간점 이전에 현재가 21분 39초, 12분 6초, 3분 40초, 15분 25초, 14분 50초의 길이를 가진다면 중간점 이후에 현재는 4분 19초, 4분 56초, 4분 58초의 간격으로 진행되며 그사이에 과거가 틈입한다. 과거는 5분 9초, 1분 37초, 3분 16초와 같이 현재와 거의 비슷한 시간 분량테이크을 보이며 현재와 공존하고 있다. 미드포인트 이후 과거가 좀 더 빠른 속도로 현재에 틈입하는 것은 영화의 극적 충돌과 폭발, 즉 클라이맥스로 치닫기 위해서이다.

현재와 과거의 공존, 현재와 과거의 불연속적인 봉합은 관객에서 감정적 충격을 준다.

영화 〈한공주〉는 과거와 현재의 경계를 끝없이 어긋나게 불연속적인 시간으로 재창조한다. 그럼으로써 관객에게 우리가 사는 이 세계가 얼마나 참혹한 부조리의 세계인가를 환기시킨다. 영화는 관객에게 부자연스럽고 분열된 시간을 경험하도록 유도함으로써 시간의 기이한 경험과 외상으로 가득 찬 현실세계를 담아내고자 한다.

3. 심리와 정신적 이미지로서 카메라 기법

영화 〈한공주〉에서 카메라는 끝없이 소실점을 붕괴시키며 부단한 재설정을 시도한다. 좌표화된 이미지를 균열하는 것은 일종의 중심 상실, 내러티브의 중심 상실을 의미하는 것이기도 하지만 영화 〈한공주〉에서 그것은 주인공 인물의 심리, 주인공을 바라보는 시선의 불안함을 동시적으로 내포한다.

1) 길가기와 핸드헬딩[15]

카메라는 패닝으로 수평 이동해 가는 과정에서도 조금씩 흔들리는 핸드헬딩을 쓰고 있다.

①씬38 끔찍한 폭력을 당하고 다른 도시로 전학 간 공주는 낯선 거리에서 누군가를 찾는다. 전화번호도 바꾼 채 연락을 끊어버린 재혼한 엄마를 찾아가는 길. 팔로잉 숏은 흔들리기만 한다.

②씬42 자신을 다시는 찾아오지 말라며 내모는 엄마에게 절망하며 돌아오는 길의 어두운 지하도. 어두운 전신주 속에서 지하도를 걸어가는 공주의 모습을 따라가는 카메라는 흔들리고 있다.

③씬70 음반회사에 보내기 위한 녹화영상에서 공주는 기타를 치면서 산만하게 움직이며 노래를 부르고 은희는 어지러워 안되겠다며 다시 영상을 찍자고 한다.

핸드헬딩 기법은 불안한 공주의 내면 감정을 드러내고 있다. 연락처를 바꾸고 잠적한 엄마를 찾아가는 길이나 엄마에게마저 거절당한 채 상심해서 걸어가는 길은 온통 흔들리는 불안정한 두려움뿐이다. 기획사에 보낼 영상으로 즐겁게 노래를 부르는 그 순간에도 공주는 여전히 균형의 중심을 상실한 채 흔들리며 이질적인 어지러움을 느끼게 한다. 핸드헬딩은 주인공의 현장에 대한 생생한

---

15 사각대 없이 촬영기를 손에 들고 찍는 것, 카메라를 든 이의 흔들림이 그대로 전달되어 흔들린 영상이 나오게 된다.

감각과 불안정한 심리를 전달해줌으로써 관객에게 현장감을 살려 준다.

2) 관찰자 시점과 오버 더 숄드 숏[16]

카메라는 공주를 팔로잉 숏으로 찍을 때를 제외하고 주로 공주의 시점에서 보여지는 세계를 보여준다. 그것은 관객을 주인공의 시점과 겹쳐놓음으로써 영화 내내 주인공과 함께 그녀가 처한 세계를 경험하게 하기 위해서다.

영화에서 카메라는 공주의 어깨와 함께 그녀가 보는 피사체를 오버 더 숄드 숏으로 보여주면서 공주의 시선이 가닿는 곳이 어딘가를 보여주는데 이때 인물과 피사체 사이에 투명한 막을 장치해 놓는다는 사실에 주목할 수 있다.

①씬7 전학 간 학교 교장실에서 전 담임과 교장이 함께 담소를 나누는 장면을 교장실 유리창 너머로 본다.

②씬34 공주가 슈퍼의 쇼윈도를 통해 어둑한 안을 들여다보면 슈퍼 주인과 파출소 소장이 음악을 틀어놓고 탱고를 추고 있다.

③씬39 연락을 끊고 재혼한 엄마를 찾아간 공주. 엄마가 운영하는 애견용품샵에서 손님에게 친절한 엄마의 모습을 쇼윈도 너

16 인물의 머리나 어깨를 걸치고 그 너머로 다른 피사체를 촬영하는 것. 사람이 아닌 풍경 등의 사물을 촬영할 때에는 앞 사물의 물체를 걸쳐서 너머에 있는 대상의 피사체를 찍는다.

씬7

씬39

씬34

씬66

이미지 제공 : 무비꼴라쥬

머로 본다.

④ 씬66 테니스 철창을 사이에 두고 친구 은희는 공주에게 왜 공주 본인의 노래를 방송에 내보내는 것을 싫어하냐고 묻지만 공주는 화를 내며 더 이상 자신의 일에 끼어들지 말라고 한다.

공주는 학교복도를 지나다 아카펠라 노래소리에 창문너머로 친구들이 노래하는 것을 유리창을 통해 보기도 하고[씬30] 전철 유리창을 통해 거리 풍경을 보기도 한다[씬95].

주인공은 피사체를 직접적으로 대면하기보다 유리창 혹은 철창을 사이에 두고 바라보고 있다. 그것은 벽 너머 혹은 유리창 너머의 세계와 한공주가 철저히 분리되어 있다는 것을 보여준다. 특히 씬66에서 테니스 철장에 들어가 스스로 문을 잠가버리는 공주는 친구 은희가 귀찮게 따라오는 것을 막으려 했지만 정작 자신이 철장에 갇히고 만다는 아이러니한 상징성을 보여주고 있다.

동시에 오버 더 숄드 숏은 한공주의 시점에 관객도 동참함으로써 공주가 바라보는 세계와 사건을 거리를 두고 객관화해서 바라보게 하는 효과를 준다. 전개될 이야기에 대한 거리두기, 그것은 최대한 한 소녀가 겪게될 트라우마로서의 사건에 대하여 감정적 절제를 시도하려는 의도로 읽힌다.

3) 관조적 시점과 도피로서의 트래킹 숏[17]

영화에서 트래킹 숏은 한공주가 어딘가로 끝없이 흘러가거나 도망치고 있다는 것을 보여준다. 트래킹 숏은 처음 초반부와 후반부 끝부분에 등장한다.

① 씬6 다른 학교로 전학 가기 위해 탄 전철. 그 안에서 밖의 도시 풍경이 보인다.

② 씬85 움직이는 전철에서 창밖 한강 너머 노을 지는 도시풍경이 펼쳐진다.

③ 씬99 전철에서 고가 다리 위를 천천히 가는 자동차들이 보인다.

---

17 움직이는 연기자를 따라 움직이는 트랙이 있는 탈것이나 이동차 위에 마운트된 촬영기에서 촬영하는 기법. 움직이는 인물의 시점 숏을 이동 카메라로 촬영하는 것으로서 현실 공간을 파괴해버리는 몽타주의 위험성을 피하면서 정지된 롱테이크가 초래할 수 있는 과도함을 극복하게 해주는 장치가 된다.

씬6

씬85

씬99

씬100

이미지 제공 : 무비꼴라쥬

④씬100 달리는 버스 안에서 승객들 어깨 너머 한강 다리 도보가 보이고 도보에 한공주의 트렁크가 세워져 있다. 버스 안의 시점에서 카메라는 트렁크가 세워져 있는 풍경을 무심한 듯 지나간다.

트래킹 숏은 관조적 시선을 유지하면서 움직이는 피사체를 프레임에 온전히 담아낼 수 있는 합리적 도구가 되고 있다. 그러나 트래킹 숏은 관객에게 움직임이 인지됨으로써 카메라 존재감을 스스로 드러내고가시화하고 결과적으로 투명한 창으로서의 카메라 기능을 상실한다.[18]

그러나 영화 〈한공주〉에서 트래킹 숏은 카메라를 가시화함으로써 영화의 환영주의일루젼를 파괴하기보다는 주인공의 시선을 그대로 따라감으로써 그녀의 정신적 이미지와 심리를 구현하고 있다. 이를테면 씬6, 85, 99에서 보이는 전철 안에서의 흘러가는 도시풍경은 공주 자신이 보고 있는 창문 밖 풍경으로 자신이 살던 고장이나 집을 떠나 다시 짐을 싸서 떠나야 하는 도피로서의 심리를 보여준다. 어디에도 붙박힐 곳이 없는 떠도는 부표로서의 부랑의 모습을 상징한다.

무엇보다 영화의 압권은 씬100에서 보여준 트래킹 숏이다. 카메라는 버스 안에 탄 승객의 시점에서 창밖으로 흘러가는 풍경을 따라가고 있는데 한강 다리 도보에 덩그렇게 혼자 놓여 있는 공주의 트렁크가 화면에 들어오고 이내 버스가 통과하자 트렁크가 프레임 아웃되고 만다. 이 씬을 슬로비디오로 처리한 것은 이 장면을 롱테이크로 처리함으로써 관객들에게 깊이감의 강화를 보여주기 위한 것이다. 관객은 트렁크를 끌고 가던 공주가 마침내 한강 다리 위에 트렁크만 남겨두고 한강에 떨어져 죽었다는 사실을 알게 된다. 감정의 과잉 없이 마치 지나가는 버스로 지나가는 광경을 무심

18 양영철, 「트래킹 숏의 창조적 사용」, 『영화연구』 27, 한국영화학회, 2003.12, 159~160쪽 참조.

하게 스치듯 보여주는 이 영화기법은 영화 〈한공주〉 전체 주제를 관통하는 기법이라 할만하다.

트래킹 숏은 사실상 '컷인Cut In'을 불가능하게 함으로써 편집에서의 선택의 폭을 줄여버린다.[19] 카메라의 연속성은 중간에 근접촬영한 숏을 잘라 넣는 것을 허락하지 않는 것이다.

즉 트래킹 숏은 관객을 잡아와 관객의 시선을 이곳에 꼭 고정시켜 이것을 보게 하고야 말겠다는 강요를 담고 있다. 트래킹 숏의 연속성이 정서와 감정을 상황 속으로 강제로 밀어 넣기 때문이다. 정보전달보다는 시간을 끌어서 좀 더 관객의 집중을 끌어내려 하기 때문이다. 더욱이 "느린 트래킹 숏은 망각할 수도 망각해서도 안 되는 사건에 대한 감독의 적극적이면서도 현재적인 답변"[20]으로 받아들일 수 있다.

〈한공주〉 영화의 끝부분, 지나가는 버스 안 시점에서 바라보는 창 밖의 한강 다리 위 트렁크는 공주의 자살을 암시하고 있다. 결국 관객은 버스를 타고 스쳐 지나갈 뿐 한공주의 자살이나 도망을 막아주지 못한 비겁한 주변인과 다를 바 없다는 것을 암시한다. 그녀의 비극과 참혹한 억울함을 목도했음에도 그녀의 엄마, 아빠 그리고 담임과 담임의 엄마, 친구 은희처럼 모두 그녀를 방기하고 그녀의 불행을 모른 척했음을 상기시킨다. 똑같은 미필적 고의에 대

19 양영철, 위의 글, 163쪽.
20 김이석, 「기억의 재현－알레 레네의 〈밤과 안개〉를 중심으로」, 『문학과영상』 9(3), 문학과영상학회, 2008, 605쪽.

한 죄의식을 경험하게 한다.

이와 같은 범죄행위에 대한 방기와 비겁함은 씬89에서 동윤 아빠가 여학생이 성폭행을 당하고 있는 현장에서도 자신의 아들만 데리고 범죄현장을 빠져나가는 장면에서 되풀이된다. 감독은 영화의 거의 마지막 후반부라 할 수 있는 씬89를 슬로비디오로 처리하고 그런 기법이 갖는 강조를 통해 다시 한번 소녀들의 폭행 현장에 대한 기성세대의 무책임함과 자신의 자식만을 챙기는 가족이기주의를 폭로한다. 탄원서를 들고 찾아온 가해자의 부모들처럼.

감독은 느린 트래킹 숏을 통해 이 영화의 주제를 롱테이크로 집중하게 해줌으로써 스타일로서의 영화를 완성한다.

4. 스토리텔링으로서의 영화미학

이 글은 영화형식을 통해 영화 〈한공주〉의 스토리텔링을 분석하고자 하였다. 시간 구조와 카메라 기법이 영화 스토리를 어떻게 담화로 구성해가는가를 살피고자 했다.

영화 〈한공주〉는 실화를 바탕으로 하되 사건의 재현에 집중한 영화가 아니다. 재현으로서의 영화가 아니라 오히려 재현의 방식에 고민하면서 주인공의 심리 혹은 심리의 이미지로서의 영화를 보여준다. 감독은 엄청난 큰 사건을 겪은 후 주인공 한공주의 시선으로 보여지는 주변 인물과 세상, 동시에 보여지는 존재로서 타자들의 시선에 비친 한공주의 모습을 영화적 형식으로 보여주고자 한다.

과거 기억과 현재의 불연속적인 봉합과 균열, 카메라 기법으로서의 핸드헬딩과 오버 더 숄드 숏, 트래킹 숏에까지 감독은 무자비한 사건을 마주한 인간의 심리와 주변 인물들의 심리를 영화형식으로 보여주고자 한다. 영화는 단순한 재현을 넘어 영화형식을 통해 스토리텔링을 완성하고 영화미학을 성취하고 있다.

"난 잘못한 것이 없는데"라는 공주의 증언에서부터 시작하는 영화는 끔찍한 사건을 겪은 이후 맞닥뜨리게 되는 세상에 대한 이해불가능성, 이해할 수 없는 현실에 대한 증언이라 할 수 있다. 범죄를 은닉하고 온당한 죗값을 치르게 하지 않는 악과 폭력의 현실이다. 일어난 사건은 실제 사실이지만 진실은 밝혀지지 않는다. 진실은 불편하고 외면당할 뿐이다. 사실은 있지만 진실은 존재하지 않는 이 현실에 대하여 한공주는 이해불가의 물음표를 던지고 있다.

해결되지 않는 분열증은 여러 가지 영화적 미장센으로 등장한다. 공주의 집에 있는 회전하지 못하고 '탁, 탁, 탁' 소리를 내며 제자리에서만 도는 선풍기, 깜박이며 제대로 켜지지 않는 형광등, 차가운 바람에 말라빠진 담벽에 붙은 담쟁이. 이것은 불안정하고 불안한 심리에 대한 표상이다. 이해불가능한 현실은 공주의 말을 빼앗는다. 말하기를 거부하는 것은 침묵을 선호한다는 것과 거리가 멀다. 그것은 강제적 차단이다. 공주는 혹독한 사건 이후 새로운 시작을 위해 아카펠라를 부르거나 허밍으로 노래를 부른다. 허밍은 가사가 제거된 리듬과 박자만 있는 노래이다. 수영을 열심히 배우는 것 또한 물속의 공간이 언어가 제거된 자유로운 공간이기 때문이다.

감독은 본론에서 언급한 영화형식 외에도 이러한 미장센과 감각적 요소를 상징적으로 배치함으로써 영화미학에 기여하고자 한다. 그리하여 이와 같은 영화형식은 결국 해결되지 않는 진실의 문제를 혼란스럽고 미해결의 상태로 남겨둠으로써 관객의 기억에 호소하고 있다. 영화 안에서 한공주의 기억은 애써 묻어두려는 안간힘 속에서 어쩔 수 없이 현재로 뚫고 나오는데 그 기억의 안간힘, 기억과의 만남은 한공주가 맞닥뜨려야 할 현실이기도 하지만 동시에 관객이 맞닥뜨려야 하는 것이기도 하다. 즉 감독은 과거 기억을 불연속적으로 솟아나게 하고 트래킹 숏으로 관조하게 함으로써 한공주뿐만 아니라 관객에게 이 사건을 기억해야 함을 역설한다. 영화형식이 영화의 주제에 기여하고 영화를 완성한다는 것을 다시금 깨닫게 하는 영화임이 틀림없다.

제5장

제의적 형식에서 나타난 금기 위반과 경계 해체

이재용 영화, 〈죽여주는 여자〉

1. 모성 신화 소환에 대한 엇갈린 논의들

영화 〈죽여주는 여자〉는 2016년 개봉 당시 사회적 주목을 집중시킨다. 영화는 타자화된 성으로서의 젠더문제뿐 아니라 계급, 인종, 세대, 자본, 다문화, 장애인, 성소수자 문제가 서로 교차하면서 한국 현사회의 정치적 지점들을 건드렸다. 한국 사회가 갖고 있는 타자의 모습을 스크린에서 새롭게 재현해냈다는 점에서 중요하고 의미 있는 영화다. 이 영화가 다양성 분야의 수상을 하게 된 것도 이러한 한국현대사회에 산재한 사회적 문제와 관심에 집중했기 때문이다.

종로 일대에서 일명 '박카스 아줌마'로 불리며 노인 대상 성매매를 하며 먹고사는 소영의 삶에는 섹슈얼리티, 노년, 인종, 현대의학의 위생 정치학 등이 함께 포개져 있다. 영화는 제국, 국가, 민족, 자본 체제가 어떤 방식으로 여성의 삶에 개입하고 가부장적 정치학으로 구성해왔는가를 보여준다.

여성은 사회적 약자로서의 성일 뿐만 아니라 빈곤, 비정규직, 장애, 인종, 세대 등과 겹쳐지면서 더 심각한 차별에 노출된다. 소영은 늙은 여자이며 가난하고 가족이 없으며 민족주의 사회적 윤리에서 어긋난 '양공주' 출신의 성매춘 여성이다. 영화는 종로 일대 노인을 대상으로 성매매를 하는 소영의 삶을 관객의 감정개입에 대한 강요 없이 다큐멘터리와 같은 카메라 관찰자적 시점을 유지한다. 소영의 삶에 대한 동정이나 연민, 사회적 약자에 대한 분노 혹은 비판을 통한 대안모색이라는 지점을 철저히 배제하고 있다. 한국 사회가 가지고 있는 온갖 정치학적 논쟁거리를 쏟아내는 데 있어 감독은 관객에게 감상의 지평을 더 넓게 열어놓고자 한 것이다.

그러나 이러한 다양한 논쟁거리를 펼쳐놓았음에도 영화가 올곧게 꾸준히 따라가고 있는 것은 소영이 갖는 '모성 이미지'라 할 수 있다. 여성의 모성 이미지에 대한 재현은 영화 첫 장면에서부터 시작된다. 프롤로그에 비친 구절초 한 송이[1]라든가 오갈 데 없는 코피노 민호를 자신의 집으로 데리고 온다거나 젖도 떼기 전에 자식을 입양 보낸 일에 대한 죄책감이라든가, 노인들의 자살을 도와주는 일 등. 장은미, 한희정[2]은 이와 같은 소영의 모습을 "끊임없이 소환되는 모성 공간"으로 명명하면서 소영이 이데올로기적으로 모성을 강요받고 있다고 언급한다. 특히 이 연구자들은 소영이 갓난 아들을 미국에 입양시킨 후 갖는 죄책감의 토로 부분을 지적한

1 '구절초'의 꽃말은 '어머니의 사랑'이다.

2 장은미 · 한희정, 「존재하지만 존재 않는 타자들의 공간—영화 〈죽여주는 여자〉의 담론 공간을 중심으로」, 『한국언론정보학보』 제84호, 한국언론정보학회, 2017.8, 111쪽.

다. 이와 같은 견해는 전지니[3]의 글에서도 반복되는데 그는 소수자 간의 연대를 모색하는 과정에서 '모성'의 문제를 전경화시키고 있으며 이것이 과연 여성의 주체적 욕망을 보여주었다고 규정할 수 있는지를 되묻고 있다. 결국 이 영화가 '보수적인 모성 담론'으로 회귀하고 있다는 점을 한계로 지적하며 소수자들끼리의 연대 가능성에 대해서도 집단 간의 차이를 무화시켰고 매매 관계 속 폭력성도 상황적으로 낭만화시켰음을 언급한다. 이와 같은 입장에서 김영옥과 소영현도 동일선상에 있다.[4] 김지미[5]는 여기서 더 나아가 극중 소영의 행동은 1970년대 호스티스 영화에서 멀리 가지 못했다는 것을 지적하며 가부장제하 남성에 의해 욕망된 상상이미지, 박제된 이미지로 존재하고 있다는 점, 그로 인해 여성은 폭력의 희생양이 되고 있다는 점을 비판한다.

흥미로운 점은 이종현과 박치완[6]은 이와 완전히 상반된 견해를 보여주고 있다는 점이다. 그들은 전통 가족주의가 해체되면서 결

3 전지니, 「소수자는 연대할 수 있는가? 2016년의 여성영화가 던진 질문 – 〈미씽〉과 〈죽여주는 여자〉에 대한 재고」, 『대중서사연구』 23(4), 대중서사학회, 2017.11, 250쪽. 267쪽.

4 김영옥, 「'죽여주는 여자'가 필요합니까? 〈오지 않은 미래의 발견〉 노년 – 젠더, 계급, 연령의 정치학 사이」, 『일다』, 2016.12.26(http://www.ildaro.com/sub_read.html?uid=7712&section=sc7); 소영현, 「징후로서의 여성 / 혐오와 디아스포라 젠더의 기하학 – 이주의 여성화, 이주노동의 가정주부화」, 『대중서사연구』 23권, 대중서사학회, 2017, 107~108쪽.

5 김지미, 「'아수라'장이 된 정권의 언'럭키'한 자백과 '죽여주는 여자'의 비극적 '춘몽'」, 『황해문화』, 새얼문화재단, 2016.12, 371~380쪽.

6 이종현 · 박치완, 「한국인의 문화유전자와 공동체의식의 복권 – 영화 〈죽여주는 여자〉를 중심으로」, 『인문콘텐츠』 45, 인문콘텐츠학회, 2017.6.

핍된 공동체의식이 〈죽여주는 여자〉 소영을 통해 복원되고 있다는 점에 주목한다. 연구자는 모성적 희생정신, 소외된 타자들끼리의 연대구성 등을 통해 공동체 의식의 복권, 타자와 공생, 성공적인 대안 가족 구성을 보여준 영화로 평가한다.

〈죽여주는 여자〉에 대한 사회적 호평과 별개로 이와 같은 상반된 평가는 흥미롭다. 이러한 상충된 평가가 단순히 연구자들이 남 / 여이기 때문에 생겨났다거나, 연구자들의 젠더 차이로 문화매체에 재현된 여성 이미지를 대립적인 것으로 몰고 갔다고 보는 것은 의미가 없다. 성별이분법은 또다시 이데올로기적인 '입장 차이'라는 환원주의를 답습할 뿐이다. 문제의 핵심은 페미니즘 연구에서도 뜨거운 논쟁의 지점이 되고 있는 '모성성' 이라는 첨예한 경계에 있다. 이 영화는 성매매 여성을 재현하는 영화[7]에서 주로 드러나는 여성 몸에 대한 관음증적 시선을 이탈한다.[8] 소영의 몸은 영화 스토리 상 남성 노인에 의해 성적 대상이 되고 있지만 관객에게 성적 피사체가 되는 것을 극구 피하고 있다. 대신 소영은 남성 노인의 성적 욕망을 위무해주고 남성 노인의 고독한 자살에 조력을 다한다. 이와 같은 소영의 역할은 '모성성'으로서의 타자 중심 윤리를 환기한다. 엠마누엘 레비나스의 '타자 중심 윤리', '배려의 윤리'[9]를 언급하지 않더라도 여성에 잠재한 '모성성'은 수태, 출

7 〈영자의 전성시대〉, 〈별들의 고향〉, 〈노는 계집 – 창〉, 〈너는 내 운명〉 등

8 영화에서 카메라는 '소영'의 벗은 몸을 최대한 프레임 밖으로 밀어내고 있다. 다만 노약자로서의 늙은 남성의 벗은 육체를 전면화한다.

9 레비나스는 자기동일성이 "나는 생각한다. 고로 존재한"라는 데카르트식의 자

산, 수유, 양육으로 인해 타자와의 연대와 배려, 타자에 대한 책임의식, 공동체 의식 등을 떠올리게 한다. 유년 생활의 지속성과 안정성 — 혹은 거부와 좌절 — 은 모두 여성과 연결되어 있다. 여성은 인간이 처음 세상에 태어나 만나고 겪게 되는 첫 존재이며 최초의 사회 경험인 셈이다. 여성은 여기서 더 나아가 성모마리아의 순결과 구원 이미지와 연결되어 생명 창조, 구원상징으로 사유되기도 한다.

그러나 근대자본주의 가부장제 하에서 여성의 가능성이 '모성'이라는 이유로 철저하게 '사적 공간'에 제한되어 왔음을 환기해 볼 수 있다. '모성성'은 '희생'과 '책임'이란 미명 하에 여성의 개별적 주체성을 억압하는 근본 기제로 작동해 왔다. 남성에게 모성이 순결과 구원의 상징이겠지만 여성에게 부여된 모성 신화는 모성이 은혜롭고 성스럽고 순수하고 풍요롭다는 이념 하에 피임, 낙태, 임신 실험, 양육의 책임 부여로 여성 육체와 정신을 지배해왔다. 페미니즘 이론가들은 모성 신화는 곧 가부장적 신화라는 것을 끝없이 설파[10]해왔다.

그렇다고 여성의 구원성이나 원초성을 순전히 남성적 환상으로만 치부할 수는 없다. 에코 페미니스트들은 존재의 분열과 분리에 대항하여 문명의 근대를 극복할 수 있는 탈근대적 대안으로 생태

아중심적인 자발성에서 생겨나는 것이 아니라 타인과의 관계를 통해서만 비로소 자아일 수 있다는 새로운 윤리관을 보여준다.

10 아드리엔느 리치, 김인성 역, 『더 이상 어머니는 없다-모성의 신화에 대한 반성』, 평민사, 1995, 7~10쪽.

적 문화, 풍성한 자연, 생명력으로서의 여성의 성스러움을 주장[11]하고 있다. 한편 에코 페미니스트의 대안적 생태학이 가부장적 불평등을 너무 간단하고 안이하게 뒤집어 버린다는 비판을 받기도 한다. 요컨대 린다 파이어스톤 같은 이가 이제까지 모성에 부여된 짐과 여성을 생산재생산만을 하는 존재로 보는 점에 반발, 저항하고자 하였다면 생태학적 페미니스트들은 여성을 자연에 연결시킴으로써 이런 관점을 오히려 강화하고 있다는 점이다.

이렇게 본다면 '모성성'이란 거대한 모순이며 양날의 칼임에 틀림없다. 영화 〈죽여주는 여자〉는 그와 같은 대립적이고 상충하는 이데올로기의 장이다.

'모성성'에 대한 단순한 이데올로기적 찬반을 넘어 영화가 갖고 있는 대립되는 이념들의 충돌과 전복, 그리고 체제 저항의 한 방식과 의미라는 측면에서 영화를 살펴보고자 한다. 그러기 위해 르네 지라르의 고대신화적 세계관 "폭력과 성스러움"을 원용하고자 한다. 그는 신화 제의에서 희생犧牲을 죽이는 행위에는 이로운 것과 해로운 것이 함께 포함되어 있음을 언급하면서 "성스러운sacre" 말의 라틴어 어원인 "sacer"에는 "성스러운"과 동시에 "저주받은"의 의미가 포함되어 있다고 해석[12]하고 있다. 영화 속에 나타난 제의적 국면을 살펴봄으로써 집단무의식 속에 담긴 성스러움과 폭력

11 고갑희, 「에코 페미니즘-페미니즘의 생태학과 생태학적 페미니즘」, 『외국문학』 43, 열음사, 1995.5, 98~116쪽.

12 르네 지라르, 김진식 · 박무호 역, 『폭력과 성스러움』, 민음사, 1997, 388쪽.

성, 금기 위반의 의미를 살펴보고자 한다.

본 분석은 '모성성'을 둘러싼 이데올로기 대립을 벗어나 인간 존재에 대한 근원적 질문, 집단무의식과 그 상징을 성찰할 수 있는 계기가 되리라 본다. 양육과 모성성이 자율적인 말함의 성소가 될 수는 있지만 여성의 정체성 본질이나 종착점이 아니라는 것은 염두에 두어야 할 부분이기 때문이다.

2. 모성 신화의 균열과 분열

〈죽여주는 여자〉에서 소영은 '삼팔따라지'로서 한국전쟁 이후 이남으로 내려오는 과정에서 전쟁고아가 되었다. 식모와 여공 생활을 거쳐 동두천으로 흘러들어 미군 상대로 성매매 여성이 된다. 그녀는 나이가 들어 종로와 장충공원, 산책로 등에서 노인 남성을 상대로 성매매를 한다. 그녀가 일을 찾는 종로통, 공원 안, 등산로, 다리 밑 공간은 흘러들고 떠나는 '길'의 공간이란 점에서 그녀가 끝없이 부유하며 떠도는 기표 같은 존재임을 보여준다. 또한 짙은 녹음과 청명한 하늘이 있는 공원 공간과 달리 여관방의 남루한 실내는 그녀 삶의 비루한 말년의 삶을 극명하게 드러낸다.

소영은 나이 든 성매매 여성의 빈곤하고 비루한 노년의 삶을 보여줌과 동시에 한국 근대의 역사를 고스란히 몸으로 체화하여 육체로 표상한다. 소영의 몸은 한국 역사가 어떻게 여성의 몸을 정치적으로 이데올로기화했나를 극명화해서 보여주고 있다.

제2차 세계대전 후 20년 동안 한국 정부와 대다수 한국인들은 도덕적으로 외국인 대상 매춘여성을 비난하였다. 하지만 전쟁에서 살아남은 다른 한국인과 마찬가지로 이들도 가난에 찌들어 있었기에 현실 속에서 가족을 부양하기 위해 고투하는 현실에 대한 공감과 함께 연민을 느꼈다. 기지촌 여성에 대한 통제와 간섭이 있기 시작한 것은 1970~1980년대였다. 한·미간의 확고한 동맹관계 속에서 1970년대 초 기지촌 정화 캠페인이 있었고 이때 흑인 병사에 대한 인종 차별문제, 성병 감염 방지 교육프로그램, 여기에 '민간외교관'이란 호칭까지 받으며 교육프로그램에 참여했다.[13] 박정희 정권은 국가 안보와 그 정당화, 그리고 '국익'을 위해서는 어떤 개인적 희생도 용인되던 분위기를 조성했다. 기지촌 여성들은 미군이 주는 달러를 벌어 외화를 증대시키고 그들에게 '위안'을 제공함으로써 안보에 기여한다고 믿게 했다. 동두천, 의정부, 송탄 등지에서 수 만 명의 여성들이 미군에게 성을 파는 노동에 몸을 던졌는데 1970년대 초부터 중반까지 이 여성들은 한국 정부에 의해 '애국자' 혹은 '진정한 민족주의자'라고 찬양되었다.[14]

---

13 일레인 김 · 최정무 편저, 『위험한 여성 – 젠더와 한국의 민족주의』, 삼인, 2001, 180~200쪽.

14 매춘에 관한 한국 입법부의 기록을 조사해 본 장필화는 국회의원들이 한국의 기지촌과 외화를 벌어들이기 위한 매춘에 대해 '실용적인 허용'의 태도를 보여주었다는 사실을 발견했다. 「매춘에 대한 한국 입법부의 시각 – 1948~1989」, *Women's Studies Review* 7, 1990.12; 위의 책, 201쪽 재인용; 1970년대 초 송탄에서 매춘여성으로 일했던 김여자 씨의 인터뷰, "'(매달 실시된)' 에티켓과 훌

기지촌 여성에게 '국익을 담당하라'고 요구하며 국가 차원에서 대대적인 장려를 하던 미군 대상 성매매는 1980년 이후 혼혈아 사생아 출산, 순혈주의 중심 민족주의에 의해 철저한 매도의 대상이 되었다. 한민족 순혈주의 유교적 전통 속에서 흑인혼혈에 대한 강한 인종차별이 있었고 그것은 성매매 여성을 '양공주', '양갈보'라는 인종적, 계급적, 성적 폄하가 내포된 호칭으로 부르며 재현되었다.

〈죽여주는 여자〉 소영의 몸은 한국의 군사주의와 신제국주의의 역사가 고스란히 낙인찍힌 육체라는 점을 환기해볼 필요가 있다. 국가 중심 군사주의와 산업화를 통해 성 매춘이 국가에 의해 장려되고 다시 국가에 의해 버림받듯 검열, 통제당하는 과정은 한국 가부장적 국가주의의 현장을 보여준다. 모성의 역할은 부족주의나 민족주의보다 더 근본적이다. 모성은 그러나 계급이나 피부색, 국가와 개인의 차원을 넘어선 근본적인 것으로 여겨지지만 국가와 사회에 의해 통제의 대상이 되고 있다. 종로 파고다 공원에서 '양공주'였다는 사실이 들통 난 소영은 종로로 나가지 못하고 장충공원으로 일터를 옮긴다. 과거 미군 상대 성노동 여성은 더욱 멸시와 폄하의 상징이 된다. 더욱이 혼혈과 사생아 출산의 모성을 국가가

륭한 행동 강좌'에는 매번 그 지역의 시장이나 지역 경찰서 정보과 혹은 공안 관리들이 나와 한 말씀씩 하시곤 했지요. '미군에게 만족을 드리는 여러분은 모두 애국자입니다. 여러분 모두 우리나라에 외화를 벌어 들이는 민족주의자들'이라고 말이에요. 우리는 나라의 일꾼이므로 긍지를 갖고 일해야 한다고 했어요. 한국 여성으로서 존엄성을 유지하기 위해 미군 병사에게 비굴한 행동을 보여서는 안 된다고 하더군요." 일레인 김 · 최정무 편저, 앞의 책, 2001, 196쪽.

보호해주지 않는다는 점이다.

가부장제에서의 모성 경험과 성 경험은 둘 다 남성들에게 이로운 방향으로 이용되어 왔다. 사생아의 출산, 낙태, 여성 간의 동성애와 같이 제도를 위협하는 행동은 일탈 행위 혹은 범죄행위로 간주[15]되고 있다.

혼혈 사생아를 출산하고 입양시킨 소영이 모성으로서 분열증적 증세를 갖고 있는 것은 당연하다. 영화에서 소영은 '박카스 아줌마'에 대한 다큐멘터리를 찍으려는 피디와 모텔을 들어가게 된다. 피디는 소영에게 자신의 신분을 감춘 채 몰래카메라를 설치 후 샤워하려는 소영에게 묻는다.

"이런 일, 오래 하셨어요?"

"그런 건 왜 물어?"

"어쩌다 이런 일 하게 됐어요?"

"미국 유학 간 아들 학비 벌려고. 석사 할 때까지만 하고 그만 두려고."

재우와 마지막으로 호텔에 들어간 소영은 재우의 솔직한 심정 토로에 대해 자기자신도 고백을 시작하게 된다.

"소영 씨는 가족이 있어?"

---

15 아드리엔느 리치, 김인성 역, 『더 이상 어머니는 없다—모성의 신화에 대한 반성』, 평민사, 1995, 47쪽.

"아뇨. 저 혼자에요.

"아 그렇군."

"재우 씨는요?"

"자식 하나 있었는데 한창 나이에 사고로 먼저 보냈어. 자식도 가고 마누라도 가고……."

"사실 저도 아들이 하나 있었어요. 돌도 안 된 애를 입양 보냈어요. 젖도 안 뗀 그 어린 것을……. 잠깐 같이 살던 흑인병사 애였거든요. 제가 나쁜 년인 거죠. 평생을 빌고 빌어도 용서받지 못하겠죠, 지옥 가겠죠."

소영에게 자식이 있다는 것은 두 가지 점에서 정치적 억압공포을 환기시킨다. 첫째, 자식이 혼혈 사생아라는 점에서 보호받지 못할 모성이라는 점, 둘째, 신성하고 순결한 모성 신화 속에서 소영은 더렵혀지고 오염된 모성이란 점에서 그러하다. 경제적 공동체로서 가족적 의료지원을 전혀 받지 못하는 사회에서 소영은 모성의 일 수행에 여러 억압을 당할 수밖에 없다. 무엇보다 모성인 여성 개인은 무성無性적 존재[16]로 채택되어 왔다. 성숙한 어머니는 미성숙한 여성보다 덜 성적이라고 보았다.[17] 소영은 입양 보낸 자식

---

16 베리 손온 · 매릴리 얄롬 편, 권오주 · 김선영 외역, 『페미니즘의 시각에서 본 가족』, 한울아카데미, 1991, 100쪽.

17 로시와 리치는 모성과 성이 양립될 수 없다는 견해에 강하게 반박하는데, 파이어스톤과 프라이데이 같은 다른 페미니스트들은 아직도 모성과 성이 양립될 수 없다는 전통적 견해를 받아들이며 정신분석학자와는 달리 성에 대한 호의적인 입장을 취한다. 위의 책, 100쪽.

에 대한 부채감이라는 모성의 기억을 갖지만 동시에 육체자본으로 가부장적 가족주의의 경계를 넘어서고 있다. 소영은 모성 신화에 무의식적으로 동의하면서 몸을 팔고 먹고사는 일을 함으로써 모성에서 일탈함으로써 가부장제 규범에서 벗어난다. 그녀는 희생하는 어머니'와 '유혹하는 악녀'라는 가부장적 이분법에 균열을 일으키고 경계를 해체시키고 있다.

요컨대 소영에게 나타나는 모성은 국가주의에 의해 왜곡된 복합적 갈등을 지닌 모성이다. 모성 신화에 귀속되는 듯하지만 동시에 모성 신화에 대한 '일탈'이라 할 수 있다. 무엇보다 소영이 갖는 모성성은 개인적 경험감정과 정치적 제도가부장제와 이데올로기의 신화 사이에서의 갈등이란 점에서 단순히 가부장적 모성 신화로의 복귀라는 명명으로 소영의 존재를 해명하기 힘들다. 오히려 인식론을 넘어 인간 존재의 근원적 입장, 즉 비가부장제적인 애정적 보살핌의 관점에서 접근하는 것이 더욱 요긴해 보인다.

3. 성 / 속의 결합과 공존

실제 스크린에서 관객이 보는 것은 성매매 여성인 소영의 늙은 몸이 아니다. 의족을 뺀 도훈의 잘린 다리나 트랜스젠더 티나의 몸, 그리고 고객으로서 남성 노인의 늙고 비루한 몸이다. 영화에서 시각적이고 물리적으로 '헐벗은 육체'는 소영의 육체가 아니라 아

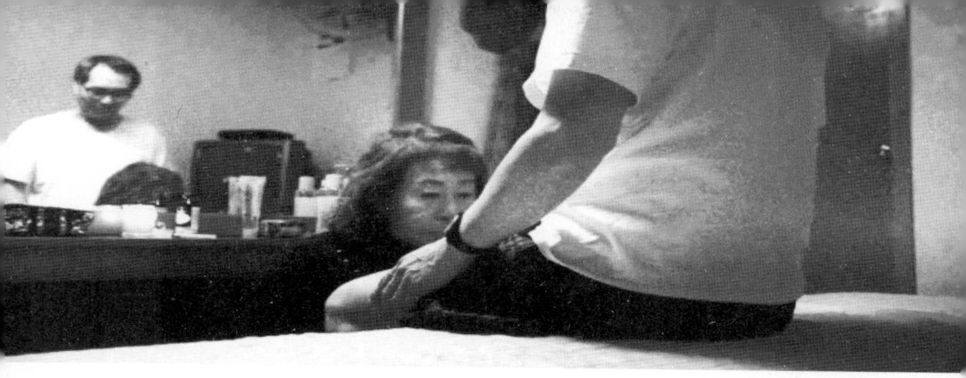

이미지 제공 : CGV아트하우스

이러니하게도 남성들의 몸이다. 소영의 육체는 프레임 안에 중심으로 잡히지 않는다. 소영의 몸은 관객의 폭력적 시각주의에서 대상화로 물화되는 과정에서 이탈한다. 대신 소영은 성매매 과정에서 좀 더 주체적 역할을 담당한다. 소영은 남성 노인들과 인간적인 친분을 유지할 뿐만 아니라 노동의 공간에서도 정서적 감정적 교감을 나눈다. 성매매의 공간에서 행위를 주도적으로 이끄는 주체성을 보여준다.

싸구려 여관방 공간으로 들어간 소영은 우선 소주를 한 모금 마신 후 향초를 킨다. 술과 향은 제의祭儀, ritual의 첫 단계이다. 향은 여성이 가진 감응성의 메타포이다. 향기는 여성들이 성스러움에 도달하는 상징[18]이다. 향은 감응력을 높이며 신성함을 받아들이기 위한 성스러운 분위기를 유도한다.

이와 같은 성스러운 감응력으로 다가가는 소영에 비해 상대하는 남성은 소위 남성의 이상에서 거리가 멀다. 노인 남성의 몸은

---

18 카트린 클레망·줄리아 크리스테바, 임미경 역, 『여성과 성스러움』, 문학동네, 2002, 38쪽.

제도적으로 사회구조적으로 취약한 위치에 있다. 특히 노인 남성의 몸은 자본주의적 물화 수단으로서 그 기능이 다 한 뒤 남게 된 잉여적 실체란 점이다. 검버섯에 주름이 가득하고 배가 잔뜩 나왔거나 근육과 분리된 쭈글쭈글해진 피부는 경제적 사회적 기능을 다한 육체이다. 무엇보다 남성성으로서의 정체성 경계에 도달한 위기의 육신이다. 노먼 메일러에 의하면 "남성이 된다는 것은 평생에 걸친 끝없는 전투"에 맞닥뜨린다는 것을 의미한다.[19] 수동성과 나약함에 결코 지지 않기 위해 끊임없이 투쟁해야 한다. 이 끝없는 경쟁과 투쟁의 상징으로서의 남성성은 곧잘 성기의 발기 혹은 정상적인 성행위와 동일시되곤 한다.[20] 패권주의적인 남성성의 범주 안에서 생식기는 강박관념적 가치 부여의 대상이 되어 왔다. 생식기를 가졌느냐 가지지 않았느냐의 문제는 종종 '죽느냐 사느냐'의 문제로 대치되기도 한다. 프로이트와 라캉은 이러한 상징적인 남성 성기의 우월성과 단일성에 대하여 결정적인 이론적 근거를 제공해주었다. 프로이트에 이어 라캉은 인간의 유일한 상징으로서 남근의 우월성은 전능한 아버지로서 아버지의 우월성을 유지하는데 필요하다는 사실을 주지시켰다.[21] 남근 덕분에 남성들은 상징적인 질서 내부에서 권력의 지위와 통제의 지위를 열망할 수 있다. 존 스톨텐버그의 심리학적 설명[22]에 따르면 사내아이는 자신이 페

19 엘리자베트 바뎅테, 최석 역, 『남성의 본질에 대하여』, 민맥, 1993, 204쪽.
20 위의 책, 199쪽.
21 위의 책, 213~214쪽.
22 위의 책, 216쪽.

니스를 가졌지만 어머니는 그것이 없다는 것을 알게 되고 자신이 페니스를 잃게 되면 어머니처럼 된다는 두려움에 빠지게 되며 그래서 자신을 어머니로부터 구별하도록 만든 이 페니스라는 부분에 더욱 집중하게 된다고 설명한다. 따라서 남성이 자신의 정체성이나 남성성을 가장 잘 인식하게 되는 것은 자신의 성기와 성적인 행위에 의해서라는 주장은 일면 타당하다.

그러나 노인 남성은 전통적 성행위에서 남성 역할에 상실감이나 결핍감을 느낀다. 소영의 예전 고객이었던 '재우'에게 소영이 말한다.

> "왜 그동안 안 나오셨어요?"
>
> "가면 뭐해? 나 이제 더 이상 그것도 못해."
>
> "도와 드려요?"

노인이 된다는 것은 병듦과 죽음에 가깝게 다가간다는 뜻이다. 남성 노인이 성행위를 하고자 하는 것은 죽음의 경계에서 생의 리비도를 찾기 위한 것이다. 시부사와 타츠히코[23]는 인간이 낙원으로부터 추방된 이후 분리 체험과 타자 인식을 하게 된다고 말한다. 이때 존재 불안을 벗어나기 위한 유일한 것이 결합이라고 언급한다. 조르쥬 바타이유[24]는 인간의 상호 간 분리 의식을 삶의 비연속

---

23 시부사와 타츠히코, 문대찬 역, 『몸, 쾌락, 에로시티즘』, 바다출판사, 1999, 62~69쪽.

성이라 명명하면서 이 비연속성을 연속성으로 바꾸는 것은 죽음의 매혹에 가까운 에로티시즘이라 언급한다. "에로시티즘이란 죽음에 맞서는 폭력이자 금지에 대한 침해행위이다. 아주 오랜 옛날부터 인간은 분리에 의해서 생겨난 불안감을 벗어나기 위해 필사적으로 노력해왔다. 그러한 시도는 모두 에로티시즘과 깊은 연관성을 갖고 있다." 바타이유는 동물을 죽임으로써 성립되는 희생과 인간의 에로틱한 행위는 아주 비슷하다고 설명하면서 남자는 희생을 바치는 사제이고 여자는 죽임을 당하는 동물이라 설명한다. 희생을 바치는 단도를 남자가 가지고 있고 단도는 여자를 정복하는 남자의 페니스를 상징한다는 것이다.

그러나 이 성행위가 노인 남성의 성행위로 전환되었을 때 역전이 일어난다. 영화에서 소영은 오히려 희생을 바치는 사제이고 남성은 죽임을 당하는 동물에 해당한다. 가부장제 계급화된 남녀의 관계를 전복시키는 한 방식이다. 성병 때문에 어쩔 수 없이 구강성교를 하게 된 소영은 행위를 폭력적으로 강요받을 때도 있지만 전체적으로 성행위에서 당당하며 남성 노인의 성행위를 주체적이고 주도적으로 이끌어가는 사제의 역할을 감당하고 있다.

여기서 '성스러움'은 종교적인 것도 무신론적 부정도 아닌 제의적 의식 속에서 일어나는 즉, "모든 것이 느슨하게 열어놓인' 상태를 의미한다. 카트린 클레망[25]은 아프리카 온드윕에서 여자 치료

---

24 조르쥬 바타이유, 조한경 역, 『에로티시즘』, 민음사, 1989, 159쪽.

25 카트린 클레망 · 줄리아 크리스테바, 임미경 역, 『여성과 성스러움』, 문학동네,

사들이 자신들의 분비물을 사용해 병자에게 붙은 정령이 어떤 것인지를 밝히고 그 정령에게 자신의 침으로 '세례식'을 베푸는 과정을 설명한다. 그녀는 이때 여성에게 '성스러움'이란 곧 '성적性的'[26] 이라고 설명한다.

성聖과 속俗의 개념이 일맥상통한다는 것은 원시시대 제의에서도 드러난다.[27] 인간이 터부시 하는 대상이 순수함을 보존하려는 욕망과 불결한 것을 제거하려는 강박이 모호하게 뒤섞여 있는 심리적 산물을 보면 성과 속의 의미가 상통한다는 것[28]을 알 수 있다. 가장 세속적 경험인 성적 오르가슴이 초월의 엑스타시에 진입하는 것을 가능하게 한다는 점에서 세속적 성적 경험은 성聖의 세계와 연결되어 있는 것이다.

그렇게 본다면 소영의 성매춘은 남성 노인의 황폐화된 남성성, 즉 몸과 마음이 따로 놀 수밖에 없는 그들의 성적 욕망을 만족시키고 해소하는 성스러움과 연결되어 있다. 내재된 폭력은 '순화되고' '배설'됨으로써 끝난다. 즉 성스러운 제의의 과정은 제사장의 살육

2002, 38~39쪽.

26 여성의 '침'은 성행위 시 액체를 의미한다.

27 르네 지라느, 김진식 · 박무호 역, 『폭력과 성스러움』, 민음사, 1997, 9~10쪽 참조. '희생물'은 죽임을 당하지 않고는 성스럽게 되지 않고, 또 성스러워야 '희생물'이 된다는 역설적 '순환논리'을 지닌다. 내적 폭력이라는 '세속'의 논리와 신성함이란 '성스러움'이 갖는 '양가성'이라 할 수 있다.

28 조흡, 「조흡의 영화이야기, 〈죽여주는 여자〉의 헐벗은 삶」, 『대한토목학회』 제65권 제2호, 대한토목학회, 2017.2, 80쪽.

의 현장처럼 대상의 죽음, 즉 육체의 경련[29]을 통해서 끝난다. '죽여주는 여자'라는 명명은 성적 테크닉에 대한 은유적 표현이자 실제 제의의 현장에서 희생제의를 통해 새로운 질서와 성스러움을 되찾게 해주는 여사제에 대한 상징이기도 한 것이다.

4. 제의와 신성한 폭력

나이 든 남성들과 위반으로서의 섹슈얼리티를 가짐으로써 성스러움과 세속의 경계를 해체한 여성은 이제 죽음의 경계에까지 관여한다. 소영은 종로 파고다 공원에서 '양공주'였던 과거 정체가 드러나자 종로 일대를 떠나게 된다. 버스에서 우연히 재우를 만나 세브르 송에 대한 이야기를 듣게 된다. 멋쟁이였던 그가 풍을 맞아 1년 넘게 요양병원에 누워있으며 아들 내외는 미국에서 일 년에 한 번 문병을 올까말까 한다. 음식, 대소변마저 어떤 것도 혼자 할 수 없는 자신의 처지를 비관하며 그는 문병 온 소영에게 울면서 말한다.

"사는 게 창피해. 죽고 싶어."

"오죽하시겠어요, 그 깔끔한 분이."

"뭐냐고 이게……. 나 좀 도와줘."

---

29 시부사와 타츠히코, 문대찬 역, 앞의 책, 72쪽.

이때 소영에게 새로운 균열과 저항의 지점이 발생한다. 예전의 친분과 지극한 연민으로 노인들의 자살에 방조자 내지 조력자가 되어가는 지점이다. 소영은 과거에 만났던 성매매 노인들의 자살을 직접, 간접 도와줌으로써 "자살과 타살, 선의와 범죄라는 경계"[30]를 해체하며 균열을 내게 된다. 소영은 다음으로 치매에 걸린 달동네 쪽방촌 종수를 북한산 정상에서 밀어 죽게 하고 혼자 죽기를 겁내 하는 재우의 죽음에 함께 있어 줌으로써 그의 죽음을 돕게 된다. 죽기 전 수면제를 앞에 두고 재우는 소영에게 말한다.

"막상 저지르려고 보니 문득 겁이 나고……. 나 혼자 죽으려니 너무 무섭더라고. 그냥 옆에 누군가 있어 주기만 해도 내가 떠나도 편할 것 같아서……."

"……."

"좋은 일 해주는 거요. 잊지 않으리다."

죽음은 문명화 과정에서 인간 생활에 가장 큰 생물적 사회적 위험의 과정으로 여겨진다. 중세봉건시대에 비해 현대인은 죽음의 위협에서 훨씬 멀어져 있다. 흑사병 같은 전염병, 잦은 전쟁, 기아와 자연재해로 중세 사회의 삶은 훨씬 짧고 위험은 통제 불가능했

---

30 장은미 · 한희정, 「존재하지만 존재 않는 타자들의 공간−영화 〈죽여주는 여자〉의 담론 공간을 중심으로」, 『한국언론정보학보』 84호, 한국언론정보학회, 2017.8, 108쪽.

다. 죽음은 사람들의 사후 처벌에 대한 공포로 고통스러웠다. 또한 죽어가는 과정은 상당히 공개적이었다. 근대 이전의 삶이 집단생활이나 공동체 공간이란 점에 기인한다. 그럼에도 오늘날 죽음에 대한 태도는 훨씬 억압의 징후로 받아들여진다. 역설적이게도 현대의학의 발달로 죽음이 철저하게 위생적으로 관리, 은폐됨으로써 산자로부터 소외된다. 현대문명과 의학은 죽어가는 자의 수명을 늘려 놓았지만 관리라는 차원에서 철저히 사회생활이나 산 자로부터 분리, 격리시킨다. 정상적인 삶의 도정에 있다면 죽음을 망각하고 살기가 쉽다. 현대 자본주의 사회에서 경쟁자들은 상업적 술책으로 죽음에 대한 언급을 최대한 회피하는데 그것은 죽음이 고객에게 결코 유쾌한 환기는 아니기 때문[31]이다.

영화에서 세브르 송의 손자와 손녀는 베드에 누운 할아버지를 만지려 하지도 않는다. 어른들은 아이들에게 죽음이라는 생물학적 사실을 가르치고 싶지 않다. 노쇠한 노인을 가까이하려는 산 자는 별로 없다. 죽음 혹은 죽음 이미지는 산 자에게 이미 위협이기 때문이다. 산자는 죽어가는 사람과 자신을 동일시하지 않는다는 점에서 죽음을 철저하게 배제시킨다. 그런 점에서 현대사회에서 죽음은 대부분 '고독사'라 할 수 있다. 죽을 때 옆에 있어 주는 것만으로 "좋은 일 해주는 "라는 재우의 말은 죽음의 공포 앞에서 극단적 불안과 고독을 무마하고자 하는 위안과 관련이 있다.

---

31 노베르트 엘리아스, 김수정 역, 『죽어가는 자의 고독』, 문학동네, 1998, 8~45쪽.

특히 한국 남성 노인에게 죽음은 더 큰 고뇌와 고통의 과정을 동반한다. 가부장 유교주의 속에서 더 이상 전통적 남성 의무를 수행하지 못하는 남성은 '남성 환상 파괴'를 더욱 심각하게 맞게 된다. 가부장제는 남성이 물려받은 모성적 유산 X와 부성적 유산 Y를 화해시킬 능력이 없는 절름발이 남성을 낳은 셈이다. 상식이 된 프로이트의 견해대로 남성은 수태, 출산, 수유, 양육하는 어머니를 상징적으로 내부에서 살해하지 않으면 온전한 남성이 될 수 없다는 강박에 시달린다. 자신 내부의 여성성[32]에 대한 증오는 성적 이원론을 초래하게 된다.

영화에서 중풍 환자의 요양병원, 치매 노인의 달동네 쪽방촌, 수면제를 먹는 호텔은 모두 고독사의 공간으로 등장한다. 죽어가는 것에 대한 공포는 자신이 의미 있고 중요하다고 생각한 것의 파괴이며 그것을 잃어버리는 것에 대한 공포라 할 수 있다. 남성성을 잃은 세브르 송, 종수, 재우가 소영에게 자살을 도와달라고 하는 지점은 여성과 자연을 동일시하는 시도라 할 만하다. 삶과 죽음이라는 생태주의 순환은 여성의 생명 순환과 연결된다. '대지의 여신' 혹은 '어머니 지구Mother Earth'와 같은 신화적 요소가 담긴 비유는 여성의 생태적 우위성을 드러낸다. 이러한 주장이 오히려 전통적 여성성을 그대로 받아들인다는 반페미니즘적 결과라는 비난을 받을 수도 있지만 죽음이란 인간이 거대한 자연의 일부이며 자연의 순

32 여성적인 남성은 온전한 남성성을 갖지 못했다는 이유로 박해의 대상이 된다.

환 속으로 돌아가는 육체의 과정이라 보았을 때 여성이 남성보다 훨씬 더 자연 친화적이라는 에코페미니즘적 관점을 받아들일 수 있다. 남성 노인이 죽음의 조력자로 소영을 선택한 것은 이와 같이 여성이 갖는 모성적 체험에 기반한 원초적 타자애와 관련있다.[33]

이때 소영이 담당하는 자살 조력의 역할은 신성불가침적 금기 위반이라 할만하다. 삶과 죽음의 경계에서 죽음의 직접적 선택은 신성한 영역에 대한 위반이기 때문이다. 즉 자살은 일종의 신성모독이다. 금지한다는 것은 접근을 막는 것이며 그 행위를 신성시한다는 뜻이다. 자살은 이 사회의 참여로부터 더 이상 대상이 되지 못하는 고갈되고 고독한 개인이라 여겨질 때 선택하는 예정된 수순이다. 생에 더 이상 묶여있을 수 없을 때 하게 되는 극단적 유혹이며 극단적 불안이다. 소영의 행위는 죽음을 결정하는 신성 영역에 대한 위반이며 그런 금기 위반에 끼어드는 죽음의 선고를 스스로 실현시키는 일이다.

고대사회에서 자살은 진정한 죄악이었다. 영국에서는 아직도 처벌되고 있다. 자살은 시민적 충만함이나 종교적 충만함과는 정반대의 시금석으로 소속과의 확고한 분리이기 때문이다. 사회의 완벽한 패배이며 개인의 극단적 개인성을 완성시키는 행위[34]다.

극단적 반사회적 행위이며 신성 위반으로서의 자살을 돕는 것

---

33 '원초적 타자애'가 페미니즘 이론가들 사이에서 여전히 논란의 여지가 있지만 여성의 고유한 수태, 출산, 양육체험은 이와 같은 '타자와의 관계성'의 영역을 이끌어낸다. 그것은 비가부장적 타자애라 할 수 있다.

34 에드가 모랭, 김명숙 역, 『인간과 죽음』, 동문선, 2000, 53쪽.

은 소영의 주체적 역할을 환기시킨다. 소영은 남성 노인을 죽음으로 안내함으로써 금기 위반의 신성divinite한 존재가 된다. 소영은 노인의 쾌락, 삶의 리비도를 확인시키는 일뿐만 아니라 죽음까지 관리라는 "판관의 역할"[35]을 수행하게 된다. 희생제의에서 죽음을 결정짓는 제사장의 역할이기도 하다.

이는 죽음을 생명의 근원으로 보는 생태주의적 믿음과도 연관있다. 동시에 개인의 생명과 죽음을 관리하는 사법제도와 국가기관에 대한 조롱이며 현대의학에 대한 '저항'이라 할 수 있다. 사법기관에 의해 '양미숙'이란 본명으로 감옥에서 죽어갈 때까지도 소영은 재우 죽음의 팩트와 진실을 밝히지 않는다. 또한 스스로 자신이 감옥에 들어감으로써 죽음을 향하게 되고 그로 말미암아 소영과 재우의 사연과 진실은 철저하게 밀봉되고 만다. 이는 각 개인의 진실과 팩트를 모른 채 판단하고 규정하는 국가법에 대한 아이러니한 조롱이라 할 만하다.

소영은 자살과 타살 사이 균열을 일으키고 선의와 범죄 사이의 경계에 이의를 제기한다. 자살 조력이라는 신성위반을 시도한다. 국가주의와 현대 의학주의를 조롱하면서 죽음에 대한 역설과 모순을 불러일으키고 있다. 영화는 모순되고 양가적인 요소들이 공존하고 충돌하는 이미지들을 제공한다. 이것은 모성 신화라는 가부장적 여성 이미지를 넘어서는 새로운 '전복적 이미지'라 할 수 있다.

35 조흡, 「조흡의 영화이야기－〈죽여주는 여자〉의 헐벗은 삶」, 『대한토목학회』 제65권 제2호, 대한토목학회, 2017.2, 82쪽.

5. 생명연대의 가능성과 희생제의

낡은 집들이 빼곡히 모여있는 재개발지역의 이태원 주택가, 소영이 세 들어 살고 있는 이층양옥에는 집주인인 트랜스젠더 티나 외에 다리장애인 청년 도훈, 코피노 소년 민호, 제3세계이주여성 '아둥둥'이 각자 세들어 산다.

트랜스젠더, 즉 여성화된 남성은 남성 지배적인 가치체계에서 여성과 남성의 구분을 근본적으로 훼손한 이단자로 여겨진다. 또한 근대적 삶의 퇴폐를 환기시키는 상징이 되기도 한다. 성전환 남성은 진짜 여자가 되고 싶은 욕망과 권력의 불공정함에 대한 갈등 사이에서 끊임없는 협상의 과정[36]을 겪는다. 이성애주의자들이 보기에 트랜스젠더는 젠더 규범의 위반이며 그 자체로 위협이고 전복이며 급진적 현실이다.

오른쪽 다리 무릎 아래가 없는 도훈 또한 '불완전한 남성'을 대변한다. 도훈은 전통적인 남자 어른의 육체를 가지고 있지 않다. 전통적으로 '다리'는 남성 성기를 은유하는 비속어라는 것을 감안할 때 그의 불구는 남성성의 불구를 의미하는 것이기도 하다.

코피노 민호와 민호의 엄마필리핀 여성, 제3세계 이주 여성 '아둥둥'은 차별받는 이주노동자, 혼혈다문화가족을 상징한다. 글로벌시대 국경은 흐려졌거나 제거됐다기보다는 개인이 가진 인종, 국적, 언

---

36 나영정, 「남성 / 비남성의 경계에서 – 성전환남성의 남성성」, 권김현영 외, 『남성성과 젠더』, 자음과 모음, 2011, 99~100쪽.

어, 성별, 나이, 계급 등의 차원에 따라 차별은 완전히 다른 방식으로 작동한다.

국가의 경계를 넘을 때 어떤 사람은 '글로벌 시티즌'으로 대접받지만, 어떤 사람은 난민, 불법체류자, 학대받는 이주노동자가 되기도 한다.[37] 이때 이주노동자가 수적으로 압도적이라고 했을 때 민호와 민호의 엄마는 '글로벌 시티즌'과 정반대의 세계 속에 놓이게 된다.

매춘부, 트랜스젠더. 다리장애 남성, 코피노, 제3세계 이주여성은 모두 주류와 구별된 '비주류' 혹은 '타자화된 존재'들이다. 이들은 소위 주류 즉 규범적 시민 혹은 정상적 국민이라는 부류에 대한 위반적 존재들이다. 주류집단이 정의하기 위해 제시한 모든 기준선 즉, 이 세상 사람들을 주류집단 안으로 포섭하기 위한 모든 규정들은 애당초 비주류들을 배제하고 그어졌다. 굳이 위반하려 넘어서기 전에 이미 그 선의 너머에 있는 자신을 발견하게 된다[38]는 사실이다. '위반'이라는 명명에는 이미 '주류'들이 그어놓은 경계선에 대한 인정, 즉 스스로 '주류 / 비주류'라는 이분법에 대한 승인이 전제된다. 그런 점에서 어쩌면 이들이 해야 하는 것은 이들과 그들 사이의 차이를 재명명하려 하기보다 차이의 정치학을 전면화하고 자신의 정체성을 부끄럼 없이 전면화하는 것이다. 영화에

37 위의 책, 29~30쪽.

38 한채윤, 「레즈비언의 남성성 – 공존, 반전, 경쟁, 갈등하는 젠더」, 위의 책, 『남성성과 젠더』, 자음과 모음, 2011. 138~139쪽.

서 이들은 자신이 가진 정체성을 도리어 커밍아웃하듯 내세움으로써 자신들의 주변성을 새롭게 주체화한다.

티나	저 인간이 애 정서에 좋을 리는 없지.
도훈	내가 뭐요?
티나	맨날 냄새나는 방에 틀어박혀서 뭐하는 줄 어떻게 알아?
소영	그렇게 따지면 나도 할 말은 없지.
티나	그렇네. 다음부턴 제가 맡아줄게요.
도훈	티나도 그런 말 처지는 아니지. 애가 얼마나 헷갈리겠어?
티나	헷갈리긴 뭐가 헷갈려? 당연히 여잔 줄 알지. 그렇지 꼬맹아?
민호	(티나를 보고 피한다)
도훈	거봐 벌써 알고 피하잖아. 애 눈은 못 속인다니까.
티나	기가 막혀서. 언니 내가 남자 같아?
소영	여자 같지. 입만 안 벌리면.

주변성에서 전체를 보게 되고 거기서 자신의 정체성을 새롭게 찾게 되면 그 주변성은 새로운 정치적 공간을 열어갈 '강력한' 거점이 된다.[39] 이들은 자신의 정체성을 전체 속에서 확인하고 그 자리를 더 이상 '주변'으로 규정하지 않으면서 자신의 차이를 떳떳하게 드러낸다. '차이의 정치학' 혹은 '정체성의 정치학'은 억압하는 중심

---

39 조한혜정, 『성찰적 근대성과 페미니즘』, 또하나의문화, 1998, 129쪽.

을 해체하고 스스로를 전혀 다른 '중심'으로 만들어가는 것이다.

소영, 티나, 도훈, 민호는 함께 소풍을 가 놀이동산에서 기구를 타고 음식을 먹고 사진을 찍고 논다.[40] 그들은 삶에서의 위계 서열을 배열하지도 않는다. 서로의 차이를 인정하고 이해하고 각자의 정체성에서 주체가 된다. 그들은 사회가 규범화하는 '정상 / 비정상'의 이분법적 선 긋기를 의식하지만 사회적 편견에 개의치 않은 채 평등한 생명주의에서 나오는 공동체로서의 이해에 가닿는다. 함께 차이의 공존을 받아들이고 연대한다.

그런 점에서 소영이 노인들의 성과 죽음의 과정을 이끌어 준 뒤 티나, 도훈, 민호와 함께 소풍을 가고 장어구이를 먹는 과정은 소영이 죽음 직전에 갖게 되는 '최후의 만찬'과 같은 분위기를 연출한다. 소영은 이 사회적 타자들을 다 함께 먹이고 의사疑寫가족주의를 구현한 뒤 스스로의 죽음을 향해 어떤 해명도 없이 나아가려 한다.[41] 이는 성스러운 희생의 의미를 구체화한다. 스스로 성스러운 폭력의 대상, 희생犧牲이 된다. 이는 또 다른 희생제의의 한 과정이라 할 만하다.

---

40 이종현, 박차완은 소영의 공동체를 의사가족적 공동체로서 조화로운 공동체 의식의 복원으로 보았다. 「한국인의 문화유전자와 공동체의식의 복권—영화 〈죽여주는 여자〉를 중심으로」, 『인문콘텐츠』 45, 인문콘텐츠학회, 2017.6, 161~164쪽.

41 이는 "내 몸이고 피니 먹고 마시라"며 자신의 몸을 먹으라 내주는 '예수의 성만찬', '성찬식'을 환기시킨다.

6. 신성한 폭력으로서 제의적 의미 복원

이 글은 영화 〈죽여주는 여자〉에 대한 기존 논의 즉, '모성성' 소환에 대한 서로 엇갈린 평가에 대한 문제제기에서부터 출발했다. 필자는 '모성 신화'라는 개념 자체가 어머니에 대한 비난과 이상화라는 가부장적 이데올로기에 기초하는 까닭에 그 개념을 원용하는 한 이분법적 선 긋기에서 자유로울 수 없다는 전제하에 좀 더 근원적 무의식, 제의형식 속에서 나타나는 성 / 속의 공존, 폭력과 성스러움에 대한 측면을 살펴보고자 했다.

〈죽여주는 여자〉에서 소영의 몸은 한국 근대사에서 한국여성이 어떻게 살아왔는가를 보여주는 체현의 몸이며 실현의 공간이다. 타락하고 늙은 한국여성이라는 아이콘은 한국 근대사에서 국가주의적 역사와 자본주의 삶의 취약성을 전적으로 드러낸다. 빈곤한 여자 노인이라는 열악한 현실 속에서 소영은 모성 신화의 분열증을 앓고 있는 듯 보인다. 어미로서의 의무를 다하지 못한 모성 콤플렉스에 갇혀 있는 듯하면서도 성매매를 이어 나간다. 그러나 소영은 '갈보', '유엔 레이디'로 부르며 낙인찍는 가부장적 유교가치를 조롱하듯 성매매를 진행함으로써 인간성이 충만한 존재로 부각하게 된다. 더 나아가 소영은 남루한 남성 노인을 위무하는 제의형식 속에서 사제와 같은 주체적 존재로 나타난다.

영화 심층이 제기하는 문제의식은 인식론을 넘어 이러한 인간존재에 관한 근원적인 지점까지 나아간다. 소영의 성매매는 국가주의와 가부장제에서 배제된 남성 노인의 성을 관장한다는 점에서 국가주의의 규범을 이탈하며 그 규범에 저항한다. 성매매를 함으로써 국가규율을 위반하고 국가가 정한 비합법적인 행동을 조장한다. 이는 세속과 신성, 쾌락과 폭력이라는 성스러움과 폭력의 이중적 진실을 보여준다. 성스러운 제의의 한 과정이라 할 수 있다. 또한 신의 영역이라 할 수 있는 '죽음'에 대한 개입은 죽음의 안내자로서 신의 규범에 대한 저항이자 신의 권리에 대한 침범이라 할 수 있다. 소영은 인간의 쾌락과 죽음을 관장할 뿐만 아니라 신성 위반으로서의 신성함을 드러낸다. 노인의 헐벗은 삶을 씻어주는세례 사제로서의 상징이다. 이와 같은 방식은 '폭력적인 신성함'이라 부를 만하다.

또한 영화는 한국자본주의가 비주류로 범주화한 수많은 계층의 타자들을 소환해 낸다. 사회적 약자 혹은 타자들은 더 이상 '주변인'으로서가 아닌 주체적 자기확인을 통해 이해의 연대를 하게 된다. 소영은 말한다. "저 사람도 무슨 사연이 있겠지. 아무도 진짜 속사정은 모르는 거거든." 이것은 개체 간의 경계를 무화시키며 모든 개체들 사이의 상호교감을 가능하게 하는 언표다. 타자에 대한 무한한 이해, 타자와의 연대는 가부장제 모성 신화를 뛰어넘어 근원적 상호교감, 공동체적 이해, 자아와 세계가 하나로 융합되는 미분화의 통일성이라 할 수 있다. 소영은 스스로 희생犧牲이 되기 전 동거인들을 먹임으로써 또 다른 희생제의의 한 과정을 완성한다.

요컨대, 성행위와 죽음 안내자의 역할은 모두 위반행위이면서

안정과 평온함을 위한 성스러운 것이기도 하다. 금기 위반과 성스러움, 자살과 타살이라는 이 대립적이고 이율배반적인 것의 공존은 쾌락과 죽음을, 삶과 죽음을 동일선상에 놓는 탈근대적 위반이자 해방의 지점이라 할 수 있다. 탈근대적 위반은 더 나아가 주류와 비주류, 타자와 주체의 경계를 희석시키는 존재론적 타자성과 그 연대에까지 나아간다. 영화 〈죽여주는 여자〉는 가부장제 이분법 혹은 모성 신화를 넘어서 '금기 위반'을 통한 신성한 폭력성 혹은 비가부장제적 보살핌과 평등한 타자주의를 보여준다. 이는 반근대주의로서의 이분법의 해체이며 금기 일탈을 통한 신성한 제의적 의미의 복원이라 할만하다.

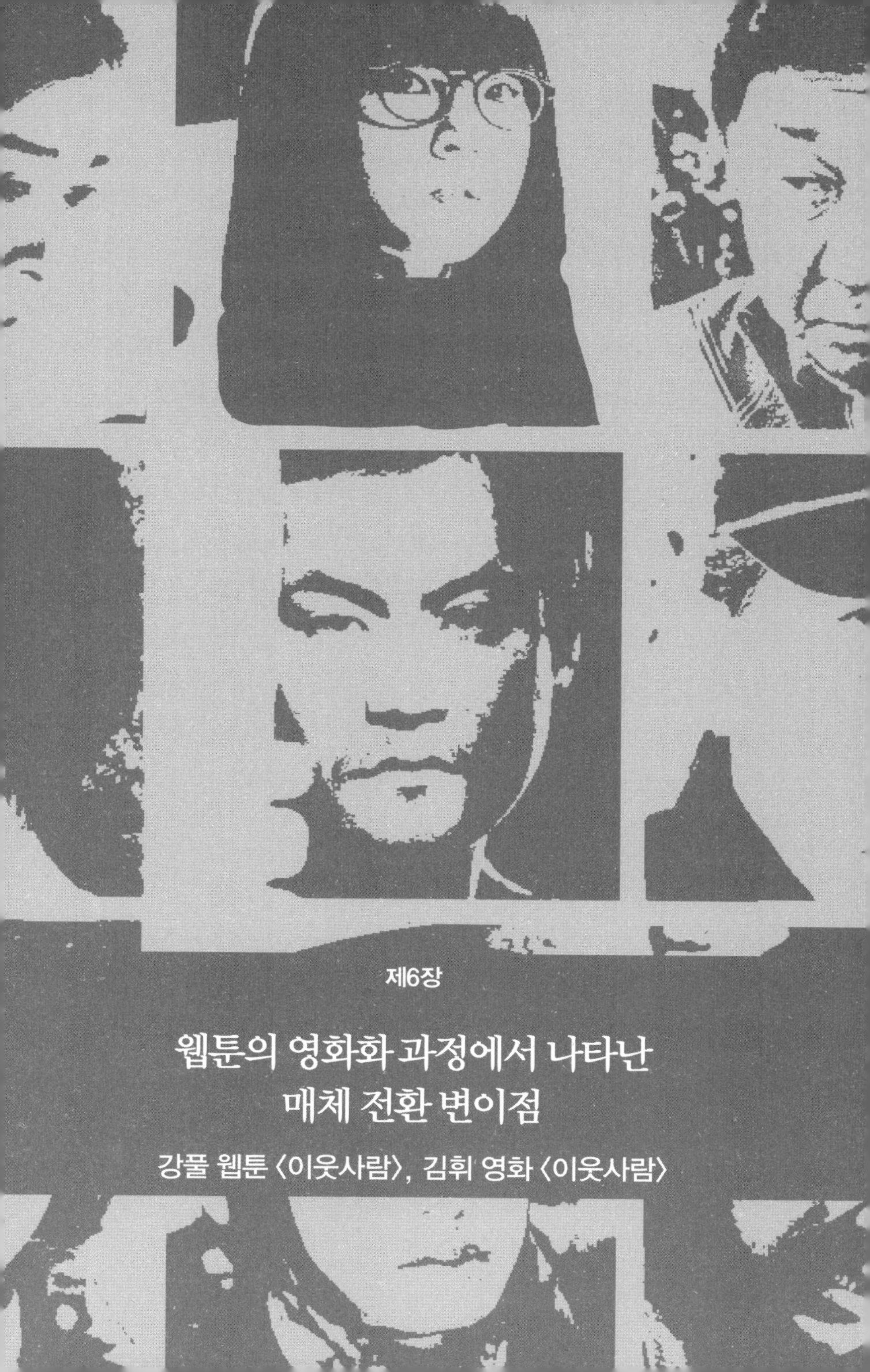

제6장

웹툰의 영화화 과정에서 나타난 매체 전환 변이점

강풀 웹툰 〈이웃사람〉, 김휘 영화 〈이웃사람〉

1. 웹툰의 스크롤 방식과 영상화 과정

디지털 환경 변화는 2000년을 분기점으로 활발히 진행되었다. 그 변화는 예술 양식에 대한 새로운 패러다임의 변화를 요구하고 있다. 모니터 환경 변화에 따른 새로운 매체 전환에 따라 예술 양식, 생산 양식에 대한 변이도 자연스럽게 따라왔다. 홈페이지에서 블로그로 다시 페이스북과 트위터로, 소셜 네트워크가 좀 더 편리하고 상호소통적인 방식으로 양식변화를 해가고 있을 때 포털 사이트 또한 매체 전환에 중심적 역할을 하면서 활발하고 지배적인 장場으로 자리매김해 갔다. 포털 사이트는 정보검색, 문화 공유, 쌍방향성 의사전달 및 공론화의 장을 담당하는 것을 넘어서서 문화 향유 방식에 새로운 장을 열어간 것이다. 이를테면 종이매체가 영상매체로 전환되면서 '소설'은 '웹소설'로, '만화'는 '웹툰'으로 매체에 따른 변이, 확장이 일어났다. 최근에 영상매체 중에서도 모바일 웹이 상거래뿐만 아니라 문화, 취미, 정보 등 여러 분야에서 지배적인 영향력을 지니게 되면서 티브이 '드라마' 또한 웹상에서

'웹드라마'라는 형식으로 새롭게 소비되고 있다.

'만화'가 '웹툰'으로 변화되면서 큰 변화가 일어났다. 우선 만화의 영화화가 급속화되며 만화의 OSMU가 활발해졌다는 점이다. 그 이유는 우선 웹 환경으로 문화소비층이 확대되었다는 점도 있겠지만 무엇보다 중요한 것은 '웹툰'의 형식적 방식에 이유가 있다. 시나리오에서 이야기내용는 씬scene과 숏shot으로 표현된다. 여기서 숏은 카메라의 시각을 의미하며, 하나의 프레임 안에 어떤 주제를 '어떤 형식'으로 드러낼 것인가 하는 카메라 워크와 관여한다. 또 '숏'은 '컷cut'과 같이 한 번에 촬영된 화면을 의미하기도 한다. 이때 말하는 '숏' 혹은 '컷'은 웹툰에서 '칸'에 해당한다. 이때 "2003년 포털 사이트 다음daum이 '만화 속 세상'을 제공하면서 웹툰시대가 본격화"[1] 된다. 이후 웹툰은 강풀이 시도한 세로 스크롤 방식에 의해 본격적인 연속성과 동영상 방식으로, 연출되는 느낌을 전해주었다.[2] 세로 스크롤 방식은 영화를 만들 때 스토리보드를 연상시키며 웹툰을 영화화시키는 적극적인 동인이 되었다. 이와 같은 '디지털 속성의 무한캔버스적 성격'은 매우 중요한 특징이다. 즉 웹툰의 칸

---

1 정연식, 「시나리오에서 웹툰과 영화로의 전환에 따른 스토리텔링의 변화」, 상명대 석사논문, 2014, 2쪽.

2 강풀의 만화는 스크롤바를 내리면서 감상하게 되는 웹툰의 특성을 살려 영화 혹은 동영상이 가진 줌숏, 슬로우모션, 동시편집, 보이스 오프, 아웃 오브 포커스, 틸트 등의 기법을 적극적으로 살렸다. 특히 틸트 기법은 의문의 비밀발생에서 의외의 비밀폭로하는 미스터리물의 구조를 한 화면 내에서도 창출하는 효과까지 가져온다. 강현구, 「강풀 장편만화 스토리텔링의 경쟁력」, 『인문콘텐츠』 10, 인문콘텐츠학회, 2007.12, 235쪽.

이 영화에서 '숏' 내에 '컷'의 역할을 하며 동영상의 역할을 하고 있다는 점이다. 즉 "세로 스크롤의 사용과 세로 공간의 길이 확장은 스크롤을 움직이는 과정에서 정지된 이미지에 움직이는 시각적 효과를 연출할 수 있는 결과"[3]를 가져왔다. "웹툰은 세로 스크롤 방식이 고착화되고 산업적 수익구조를 갖춘 한국 인터넷만화의 한 형태"[4]로 고정되면서 영상화의 최적화 매체로 떠오르게 된다.

영화 스토리보드를 연상시키는 스크롤 연출 방식의 중요성은 웹툰 〈이끼〉의 작가 윤태호의 말에서도 나타난다. "매 회마다 수용자가 모니터 내에서 볼 수 있는 장면이 하나씩만 보이도록 의도적으로 연출했다." 즉 하나의 장면, 즉 하나의 칸이 모니터 한 면을 차지하게 만들었다는 말은 곧 만화의 칸 하나가 하나의 숏이 되게 했다는 것을 의미한다. 그렇게 할 때 세로 스크롤은 아래로 내리면서 다음 장면에 대한 기대 혹은 반전을 불러일으킨다. 아니 세로 스크롤은 기대보다는 '반전적 연출'을 염두에 둔 장면 연출[5]이란 점에서 독자들을 더욱 흡입력 있게 끌어들인다.

그럼에도 만화와 영화는 매체적 차이가 항존하고 있다. 즉 만화의 칸과 칸 사이는 분명 영화의 숏과 숏의 몽타주 편집과는 다른 연결 방식이다. 숏과 숏이 접착제 없이 연결되는 방식에 비해 만

3 최유남, 「웹툰 연출의 영화적 기법 연구」, 부산대 석사논문, 2012, 67~68쪽.
4 한아름, 「만화의 관점에서 본 게임툰의 특징」, 상명대 석사논문, 2011, 24쪽.
5 한창원 · 홍난지, 「웹툰의 영화화를 위한 스토리텔링 연구 – 웹툰〈이끼〉의 스토리텔링을 중심으로」, 『한국콘텐츠학회논문지』 11(2), 한국콘텐츠학회, 2011.2, 188쪽.

화의 칸과 칸 사이에는 분명 접착면이 선명하게 그려진다. 그 칸과 칸 사이에 동양적 여백이라 할만한 이미지가 끼어든다. 마샬 맥루한의 용어를 적용한다면 만화는 영화보다 정보량을 적게 주면서 독자의 적극적 개입을 요청하고 있는 '쿨cool 미디어'이며 영화는 그에 반해 관객들의 적극성을 크게 요구하지 않는'핫hot 미디어'인 셈이다.

최근 웹툰의 영화화에 대한 연구가 활발히 이루어져 왔다. 대부분의 연구가 어떤 방식의 각색이 영화의 성공을 가능하게 했는가에 초점[6]을 맞추고 있다. 일테면 일본만화 〈올드보이〉는 완전히 새로운 각색으로 영화화에 성공한 작품[7]으로 손 뽑히고 있다. 윤태호의 〈이끼〉[8]도 이에 해당된다. 웹툰 중에서 가장 영화화가 많이 된 작가는 강풀이다. 강풀의 웹툰 중에서 영화화된 작품은 〈순정만화〉, 〈그대를 사랑합니다〉, 〈아파트〉, 〈이웃사람〉, 〈26년〉 등이 있다.

---

6 홍재범, 「만화의 시나리오 전환 과정 고찰(1) – 〈올드보이〉의 경우」, 『한국현대문학연구』 제23호, 한국현대문학회, 2007; 김은주 · 김건, 「웹툰의 영화화에 대한 텍스트 변용에 관한 연구-〈은밀하게 위대하게〉의 시각적 구성요소 분석을 중심으로」, 『디자인융복합연구』 제14권 1, 디자인융복합학회, 2015; 정연식, 「시나리오에서 웹툰과 영화로의 전환에 따른 스토리텔링의 변화」, 상명대 석사논문, 2014; 김지연, 「영화화된 웹툰의 서사적 특성 – 미디어에 대한 서사구조적 차이를 중심으로」, 부경대 석사논문, 2015; 구나영, 「원작의 영화화사례 및 성공요인에 관한 연구 – 만화, 소설이 원작인 한국영화를 중심으로」, 단국대 석사논문, 2013.

7 홍재범, 「만화의 시나리오 전환 과정 고찰(1) – 〈올드보이〉의 경우」, 『한국현대문학연구』 제23호, 한국현대문학회, 2007.

8 한창완 · 홍난지, 「웹툰의 영화화를 위한 스토리텔링 연구 – 웹툰〈이끼〉의 스토리텔링을 중심으로」, 『한국콘텐츠학회 논문지』 11(2), 한국콘텐츠학회, 2011.

하지만 강풀의 웹툰은 웹툰에서의 인기에 비해 영화에서 관객 동원은 그리 성공적이지 않았다. 즉 웹툰 원작에 대한 관심이 영화화로 이어진다고 해서 영화의 성공이나 흥행이 보장되는 것은 아니다. 장르적 유사성, 친근성에도 불구하고 웹툰과 영화는 서로 다른 방식의 매체이며 그 흥행의 요인도 서로 다를 수밖에 없다.[9] 웹툰을 원작으로 한 영화의 관객 동원 수치표는 아래와 같다.

2006년 1월~2015년 4월까지 웹툰을 원작으로 한 영화의 매출액과 관객동원수(영화진흥공사)[10]

원작자	영화명	감독	개봉일	관객수	별점
강풀	아파트	안병기	2006.7.6	644,893	9.1
	바보	김정권	2008.2.28	974,554	9.4
	순정만화	류장하	2008.11.27	730,043	9.4
	그대를 사랑합니다	추창민	2011.2.17	1,640,351	9.6
	이웃사람	김휘	2012.08.22	2,434,399	8.8
	26년	조근현	2012.11.29	2,963,449	9.4
윤태호	이끼	강우석	2010.7.14	3,350,303	9.7
훈	은밀하게 위대하게	장철수	2013.6.5	6,959,083	9.7
정연식	더 파이브	정연식	2013.11.14	731,212	9.2
기안84	패션왕	오기환	2014.11.6	591,067	8.3

홍기범은 큰 호응을 얻은 웹툰이 영화화되었을 때 실패한 원인을 이렇게 말한다. "각색자가 시나리오와 만화 사이에 존재하는 매체와 양식의 차이를 간과했다."[11]

즉 스크롤 방식과 디지털 환경이 웹툰의 영화화를 부추겼다 하더라도 웹툰과 영화는 엄연한 미디어적 차이를 가지고 있다.

9 정연식, 앞의 글, 13~14쪽.

10 영화진흥공사(http:/www.kobis.or.kr), 박스오피스 검색

우선 영화의 관람 시간은 선형성을 지니며 되돌아갈 수 없는 불가역성을 가지지만 웹툰은 독자가 반복적으로 되돌아가 다시 볼 수 있다. 또한 웹툰에서 칸과 칸 사이의 경계 지점은 동양적 여백이라 할만한 이미지를 만들어내고 독자의 독서 시간에 따라 정서적 울림과 '서정성'을 충분히 공감대로 이끌어낼 수 있다. 또 웹툰에서 독백 형태의 내레이션은 영화에서 볼 수 없는 직접적 디제시스diegesis : 화자에 의한 이야기 서술를 드러냄으로써 독자가 화자와 좀 더 심적으로 공감대의 일치를 함께 할 수 있다는 측면이 있다.

이와 같은 차이점을 다음 표로 정리해 볼 수 있다.

미디어	웹툰	영화
내용적 성격	일상적	환상적
작품의 공간	평면적 공간	입체적 공간
사건의 전개	짧은 호흡의 전개	긴 호흡의 전개
관객에게 요구하는 것	집중과 몰입	따라가는 것
창작의 성격	작가 1인이 만든 개인적 서사	여러 사람이 함께 만든 공동의 서사
매체의 성격	시각적	시각적, 청각적
관객의 역할	능동적	수동적

이와 같은 차이를 염두에 둔다면 각색의 성공에 따라 영화의 성공이 담보된다는 논리는 조금의 억측이 내재해 있다. 즉 영화의 성공이 시나리오에서 다 결정되는 것은 아니기 때문이다. 위의 도표에서 나와 있는 것처럼 영화는 웹툰 작가 1인 창작이 아닌 '제작자'의 영향이 지배적인 공동 서사라는 점. 영화는 시나리오 하나로 완성되는 것이 아니라 배경음악, 녹음, 조명, 촬영, 의상, 미술 효과 등

수많은 시청각적 요소들이 함께 공동작업으로 완성되는 복합장르이기 때문이다. 뿐만 아니라 투자사의 마케팅을 위한 홍보시스템까지 생각한다면 영화는 그야말로 철저하게 상업적 전략으로 승부하는 산업현장이다.

그럼에도 불구하고 웹툰의 영화화 과정을 연구자로서 고찰해야 하는 이유는 웹툰이 영화화될 때 변이되는 지점들을 살피게 될 때 각 매체들 고유의 '특질'이 더 선명하게 간파된다는 점이다. 영화감독이 웹툰 원작에서 어떤 것을 선택 / 배제했느냐 하는 지점에 따라 상업성 전략을 살필 수 있다는 점이다.

이 연구는 강풀의 웹툰 〈이웃사람〉을 대상으로 웹툰의 영화화 과정에서 나타난 변이 과정을 살피려 한다. "미디어 콘텐츠의 동일 장르 간의 이동은 리메이크로, 이종 장르 간 스토리 이동은 매체 변환으로 구분"할 수 있다고 볼 때 이 글은 웹툰에서의 영화로의 매체 전환 과정을 통해 각 매체의 특징을 좀 더 확연하게 살피고자 한다. 또한 감독의 새로운 편집과 어떤 전략이 대중적 성공으로 이어지게 한 것인지를 밝히고자 한다.

---

11 이문행, 「국내 미디어 콘텐츠의 장르 간 스토리 이동에 관한 연구」, 『방송과 커뮤니케이션』 제15권 1호, 2014.3, 55쪽.

2. 스토리텔링에서의 차이, 감정 라인과 발화점

웹툰과 영화의 서사 전개에서 차이가 생길 수밖에 없다. 전체적으로 웹툰은 각 회 안에서 작은 서사 구조가 필요하다. 연재 방식이기 때문에 다음 회에 대한 기대감을 불러일으켜야 하며 커다란 사건이 또 일어날 것 같은 여운을 매 회마다 남겨야만 한다. 웹툰이 영화화되는 경우 불필요한 서사는 과감하게 삭제될 수밖에 없다. 기존의 콘텐츠를 OSMU로 바꾸는 데 있어 새로운 변이가 일어나지 않는다면 이미 원작을 본 관객들의 몰입도가 떨어진다. 그런데 김휘 감독은 원작 웹툰의 서사를 대체적으로 따르고 있다. 그것은 강풀의 웹툰이 철저하게 영화화를 전제로 만들어지고 있다는 점, 그만큼 서사구조가 탄탄하고 캐릭터 설정이 잘되어 있다는 것을 의미하는 것이기도 하다.

그럼에도 강풀의 웹툰 〈이웃사람〉이 김휘의 영화 〈이웃사람〉[13]으로 재탄생하기까지 몇 가지 각색 작업이 이루어졌다. 강풀의 〈이웃사람〉은 영화화된 강풀의 작품 중에서 가장 관객동원율이 높았다. 다른 스릴러 작품과 구별되는 지점은 스릴러임에도 감정선을 증폭시켜나가는 '드라마적인 구성'을 담고 있기 때문으로 추측된다. 이와 같은 각색은 실제 강풀 웹툰이 가지고 있는 감정선을

12 김휘 감독은 〈해운대〉, 〈색즉시공〉, 〈하모니〉, 〈댄싱퀸〉과 같은 흥행 영화의 스토리 구성에 참여한 유명한 시나리오 작가이다. 그런 시나리오 작가가 연출 데뷔를 원작 있는 작품을 선택했다는 점은 인상적이다. 〈이웃사람〉의 스토리텔링의 영화화에 충분히 성공 가능성이 있을 것이라 짐작했기 때문이다.

좀 더 극적인 드라마 구성으로 압축시켜가고자 한 감독 김휘의 전략 때문이다. 그는 각색을 하면서 영화의 장르 설정을 최대의 고민으로 꼽았다.

얼핏 보면 스릴러 같아요. 연쇄살인마가 등장하고 미스터리 구조가 있으니까요. 하지만 원작의 구조를 잘 뜯어보면, 스릴러가 아니라 드라마의 패턴이에요. (…중략…) 원작 만화에선 사람과 사람 사이에 갈등이 만들어지고 그걸로 이야기가 채워져요. 스릴러였다면 클라이맥스에 류승혁을 누가 어떻게 잡는지가 핵심일 텐데, 원작에선 개개인들이 스스로를 극복하는 모습을 보여줘요.[14]

즉 〈이웃사람〉은 무엇보다 감정의 대립, 충돌하는 갈등 간의 문제가 강력한 서브플롯으로 자리하고 있다는 점. 그와 같은 '드라마성性'이 이 작품을 '서정성'으로 몰아 '감정의 극점'을 만들어내고 있다는 점이다.

감정선이 정서적 긴장 최고조에 이르는 순간을 '발화점發火點, burning point'[15]이라고 명명할 수 있다. 플롯 상 격정적인 극적 정태情態로서의 지점을 말한다.

〈이웃사람〉의 이야기는 연쇄살인마에게 서민 아파트에 사는 여중생이 살해된 이후 또 다른 희생의 타겟이 된 같은 아파트 여중생을 동네 주민들이 다 함께 힘을 합쳐 구해낸다는 스토리를 가지고 있다. 이 스토리텔링에서의 클라이맥스는 결국 연쇄살인마를

잡는 장면일 것이다. 그러나 더 중요한 것은 연쇄살인마를 다 함께 힘을 합쳐 잡기까지 동네주민들의 감정적 변화, 감정선의 흐름이 배면에 깔린다는 점, 즉 감정선과 그 변이가 매우 중요한 정서적 기능을 하고 있다는 점이다.

〈이웃사람〉은 정서적 감정의 촉발점들을 모아 증폭시켜나가다 격정적인 극적 정태 '발화점'을 형성한다. 그러나 연재를 전제로 한 〈웹툰〉과 110~120분 안에 최대한 만화 3권 분량을 보여주어야 하기 때문에 압축일 수밖에 없는 영화는 감정선을 이끌어내는 방식에서 분명한 구별을 보여주고 있다.

〈이웃사람〉의 외적 목표는 죽은 원여선을 닮은 같은 반 여중생 유수연을 살인마로부터 구해내는 것이다. 여중생 수연을 구하기 위해서 이웃주민들은 모두 수연과 감정적 연계를 형성하게 된다.

웹툰 〈이웃사람〉의 '작품성'을 살리는 것은 무엇보다 등장인물들이 갖고 있는 각자의 트라우마 혹은 자기 합리화로 묻으려 했던 의심자기내면을 발견하고 각자의 트라우마와 죄의식을 해결하는 '감정 해소'지점이다. 이 지점이 곧 '감동의 지점'이며 작품을 떠받치

---

13 김형석, 「이야기꾼과 이야기꾼 〈이웃사람〉김휘감독&강풀작가」, 네이버 영화 스페셜 무비 에디션, 2012.8.28(http://movie.naver.com/movie/magazine/magazine.nhn?nid=1494).

14 장상용, 「만화 원작의 스토리텔링 과정에서 나타나는 발화점 연구」, 한국외대 박사논문, 2015.2, 3쪽. "불타오른다는 것은 정서적으로 강렬함에 도달하는 것을 가리킨다. 이 절정의 지점은 플롯상 사건의 클라이맥스나 카타르시스와 구별된다." 발화점은 작품의 핵심 가치, 주인공이 추구하는 가치의 순수성이 드러나는 '치명적인' 순간이다. 이 몰입의 지점을 발화점이라 할 수 있다.

고 있는 '서브 텍스트'이다. 연쇄살인마를 앞에 두고 또 다른 피해자가 될지 모르는 여중생 수연을 살려야 한다는 그 목표점으로 등장인물경희(여선 모), 종록, 상영, 상윤, 혁모이 다 함께 한 지점클라이맥스으로 모여들기 위해서는 1막과 2막에서 충분히 그들 각자의 감정이 연쇄살

웹툰(등장인물과 수연과의 감정 라인)

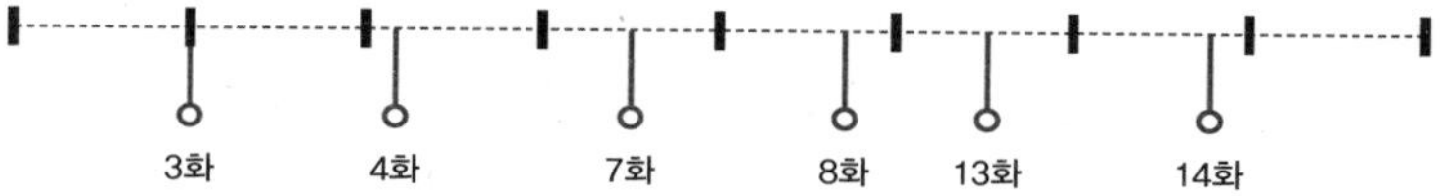

3화 : 유쾌한 수연이 수연모가 대화를 나누며 처음으로 수연 등장
4화 : 여선과 닮은 수연을 여선으로 착각한 안상혁과의 만남 안상혁이 수연에 대한 친밀감 느낌
7화 : 여선 모가 과거 여선의 머리띠사건을 떠올리며 안타까워함
8화 : 여선의 납치와 죽음
13화 : ① 수연이 아파트 수위 표종록에게 단팥빵을 줌. 종록, 수연에게 손녀딸 같은 애정을 느낌
② 수연이 사채업자 혁모의 자동차 주행을 도와줌. 자신을 전혀 두려워하지 않는 수연을 보며 수연에게 호감을 갖는 혁모
14화 : 반상회에 나오라며 수연이 찾아오자 자신의 딸인 여선과 닮아 놀라는 경희. 수연에게 죽은 딸 같은 친밀감을 느낌

영화(3막 구성라인)

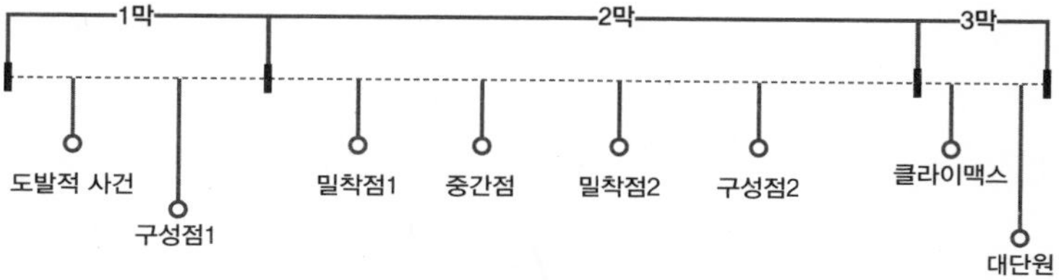

1막 도발적 사건 : 여중생살인사건
1막 구성점1 : 상영과 상윤, 종록이 승혁을 살인범으로 의심하기 시작
2막 밀착점2 : 황영감의 죽음
2막 중간점 : 종록이 승혁의집을 방문, 승혁이 확실히 살인범이란 것을 알게 됨
2막 밀착점2 : 여선과 경희의 환상적 화해. 혁모가 살인범으 로 누명을 씀
2막 구성점2 : 경희가 수연을 데리러감. 혁모가 경찰서에서 도망침, 종록이 버스터미널에서 다시 수연의 집으로 뛰어감, 상윤이 승혁의 집으로 오토바이를 몰고 달려감
3막 클라이맥스 : 경희가 수연을 구하고 혁모와 종록, 상윤이 힘을 합쳐 승혁을 잡아 경찰에 넘김.
3막 대단원 : 종록은 떠나고 수연이 무사히 귀가

인마에게 집중적으로 달려들어야 한다는 점이다. 스릴러 장르에서 '발화점'은 가치대상에 대한 가장 중요한 순수한 감정인 '적의'가 만들어지는 지점이다. 발화점이란 "주인공이 어떤 행위를 할 때 독자의 감정이 최고조에 도달하는가, 주인공의 진정성이 작품 전체의 재미와 극적으로 연결되는 지점이 어디인가"[15]와 연결된다. 〈이웃사람〉에서 감정의 최고조를 위해 경희, 종록, 상영, 상윤, 혁모가 살인마 상혁에 대한 '적의'가 불타오르는 그 극점이 필요하다. 동시에 그와 같은 대발화점大發火點이 형성되기 위해 앞부분에 미리 소발화점小發火點이 여러 개가 배치되어 있어야 한다. 작품에서 소발화점은 경희, 종록, 상영, 상윤, 혁모가 여중생 수연에게 감정적 친밀감을 느끼는 지점이다.

웹툰 〈이웃사람〉은 매체 형식상 연재의 형식을 가질 수밖에 없고 그런 점에서 웹툰 초반은 '여선의 죽음'에 좀 더 집중, 수연과 등장인물과의 감정 라인은 13, 14화 정도 되어서야 나오고 있다.

13화 〈수연〉 편에서 여중생 수연이 수위인 표종록에게 단팥빵을 주자 종록은 수연이 친손녀 같다는 느낌을 받게 되고 수연이 사채업자 혁모의 차 빼는 것을 도와주자 혁모는 팔에 문신이 새겨진 자기 자신을 전혀 두려워하지 않는 여중생 수연이 천진난만하기만 해 은근한 호감을 갖게 된다. 14화 〈모녀〉 편에서 계모인 경희가 죽은 딸 여선과 닮은 수연과 대화를 나누며 비로소 울음을 터뜨

15 장상용, 「만화 원작의 스토리텔링 과정에서 나타나는 발화점 연구」, 한국외대 박사논문, 2015.2, 10쪽.

리며 죽은 여선에 대한 죄의식을 극복하려 한다. 강풀의 웹툰이 총 30화라고 했을 때 수연과 등장인물과의 감정 라인인 소발화점이 13, 14화에서 나온다. 소발화점이 총 분량의 중간지점에 형성된다.

그에 반해 영화에서 수연과의 감정 라인은 훨씬 앞부분에 세팅된다. 씬6에서 피자가게 배달부인 상윤과 아파트 앞에서 수연과 만나 친분을 쌓는다. 씬14과 씬15에서 여선과 경희의 과거 관계가 나오고 씬29에서 여선의 납치와 죽음이 있은 후 씬30에서 체한 수연을 수위인 종록이 바늘로 손가락을 따주며 친해진다. 씬42에서 사채업자 혁모가 주차장에서 뒤로 차를 빼는 것을 수연이 도와주자 혁모는 수연에게 호감을 갖는다. 씬44에서 경희가 수연을 보고 죽은 딸과 닮아 놀란다. 씬46에서 수연과 경희가 교감은 나누고 씬47에서 수연은 학교에서 받은 단팥빵을 종록에게 준다. 영화가 총 씬 128으로 구성되었다고 보았을 때 수연이 각 등장인물들과 관계를 맺는 과정은 영화 총 씬 구성의 1/3정도에 위치해 있다. 웹툰에서 '수연'과의 감정 라인이 1/2정도에 위치한 데 반해 훨씬 앞 쪽에 배치된다. 이와 같은 감독의 편집 방식은 바로 미스터리 / 스릴러 장르에서의 중요한 발화점 곧 '적의'를 강화시키기 위해서다. '적의'가 완강해지기 위해서는 희생자에 대한 등장인물의 친밀감이 훨씬 강해야 하기 때문이다. 이렇듯 감독이 감정선을 좀 더 앞쪽에 배치한 것은 '스토리텔링 강화'를 하기 위해서이다. 곧 서브 텍스트를 강화함으로써 관객의 '감정의 공명'을 얻고자 하는 것이다.

3. 표현층위에서의 차이, 속도 · 시점 · 제시적 블로킹

웹툰과 영화는 서사의 시간에 차이를 보여준다. 영화는 만화와 비교했을 때 시공간 배경에서 러닝타임이라 할 수 있는 서사의 시간이 한정될 수밖에 없다. 러닝타임 안에 모든 사건들을 보여주고 사건을 해결해야 한다. 만화에 나오는 다양한 사실과 사건들 중 주제의식과 관련된 핵심 사건만을 취할 수밖에 없다. 만화가 상황에 따라 후퇴적 모티브가 된다거나 캐릭터를 설명하고 세팅하기 위해 도입부를 좀 더 장황하게 설치하는 것은 영화 매체보다 훨씬 넉넉한 지면과 시공간의 자유로움을 가지고 있기 때문이다.

영화는 두 시간 내외라는 제한된 시간 동안 관객을 몰입하게 만들어야 하기 때문에 내용의 압축과 속도감 있는 이야기 전개, 다양한 영화적 기법의 활용이 필수적이다.

웹툰 1화 〈귀가〉는 원여선과 경희, 2화 〈손님〉은 가방집 주인 김상영, 3화 〈2동 101호〉는 연쇄살인범 류승혁과 수연모, 4화 〈쿠폰〉은 피자집 배달원 안상윤, 5화 〈용의자〉는 안혁모, 6화 〈분리수거〉 황영감, 이와 같은 등장인물의 배치로 각 연재분이 나뉘어 있다.

하지만 영화에서 각 등장인물은 속도감 있고 빠르게 전개된다. 가방가게 주인 김상영은 여학생이 살해당했다는 뉴스에 자신이 판 가방과 비슷한 것을 보고 열흘 전을 회상한다. 열흘 전 가방을 사간 기분 나쁘게 생긴 남자가 먹다 남긴 햄버거에서 확인한 햄버거 가게를 찾아가게 된다. 그 햄버거 · 피자가게에서 기분 나쁘게 생긴 남자의 수표에서 이름인 안상윤이라는 이름이 피자 배달원 이름과 같다는 것을 발견한다. 곧이어 피자 배달원 안상윤은 가게를 나가 류승혁의 집에 도착, 피자를 배달한다. 그 시각 그 집의 지하실에는 납치된 여학생 원여선이 묶인 채로 있다. 안상윤이 배달을 마치고 가게로 돌아가려는 길에 원여선과 매우 닮은 유수연을 만난다. 이렇게 씬의 이동은 '김상영/류승혁 → 안상윤 → 류승혁/원여선 → 안상윤 → 유수연'으로 이동한다. 사건을 둘러싼 주변 인물들이 자연스럽게 연결되면서 연관되도록 보여준다. 러닝타임이라는 영화의 조건 때문에 씬 구성이 훨씬 압축적일 수밖에 없다. 즉 사건 전개에 있어 영화는 훨씬 속도의 문제에 민감하다.

웹툰과 영화는 시점point of view에서도 차이를 보인다. 시점은 "누가""어느 위치"에서 보고 말하고 지각하느냐와 연결되어 있다. 웹툰에 나타난 시점은 영화에서 카메라의 시점, 카메라 워킹과 똑같이 그려지고 있다.

〈이웃사람〉은 스릴러 양식이지만 '공포' 장르에 가깝게 연출하기 위해 '클로즈업' 방식을 자주 사용한다. 카메라의 '클로즈업'은 피사체에게 극접사하여 감정을 최대한 긴장시키는 한 방식이다. 〈이웃사람〉의 경우 '클로즈업' 기법은 극적 긴장과 감정의 고조를 위해 여러 군데서 나타나고 있다.

웹툰과 영화에서 '클로즈업' 방식은 비슷한 지점에서 사용되지만 몇 가지 차이점을 보여준다.

웹툰 8화 〈비명〉 부분은 영화 씬29에 해당한다. 즉 여선이 납치

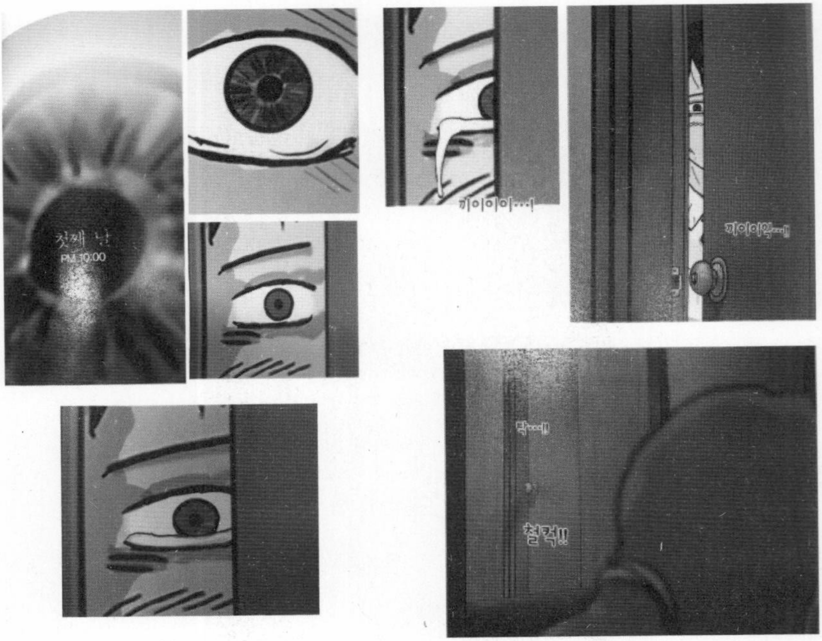

출처 : 강풀, 『이웃사람』, 재미주의, 2012, 213~214쪽

되었던 당일의 이야기이다. 이 부분은 프롤로그와 연결되는 장면이다. 웹툰에서 여선의 클로즈업된 눈빛은 눈물에 고이고 공포에 질린 채 방문 틈으로 자신의 새엄마 경희를 엿보고 있는 장면으로 연결된다.

하지만 영화에서 여선의 클로즈업된 눈빛은 자신의 새엄마가 있는 202호 쪽과 번갈아 가며 교차편집된다. 웹툰에서는 '죽은 딸이 집으로 들어오고 있는 프롤로그'와 겹쳐놓았다면 영화에서는 잡혀가는 여선이 끝까지 자신의 엄마를 찾고 있는 것으로 연결시켜 놓은 셈이다.

내성적인 여선이 새엄마와의 감정적 교류를 하고 있지 못하다

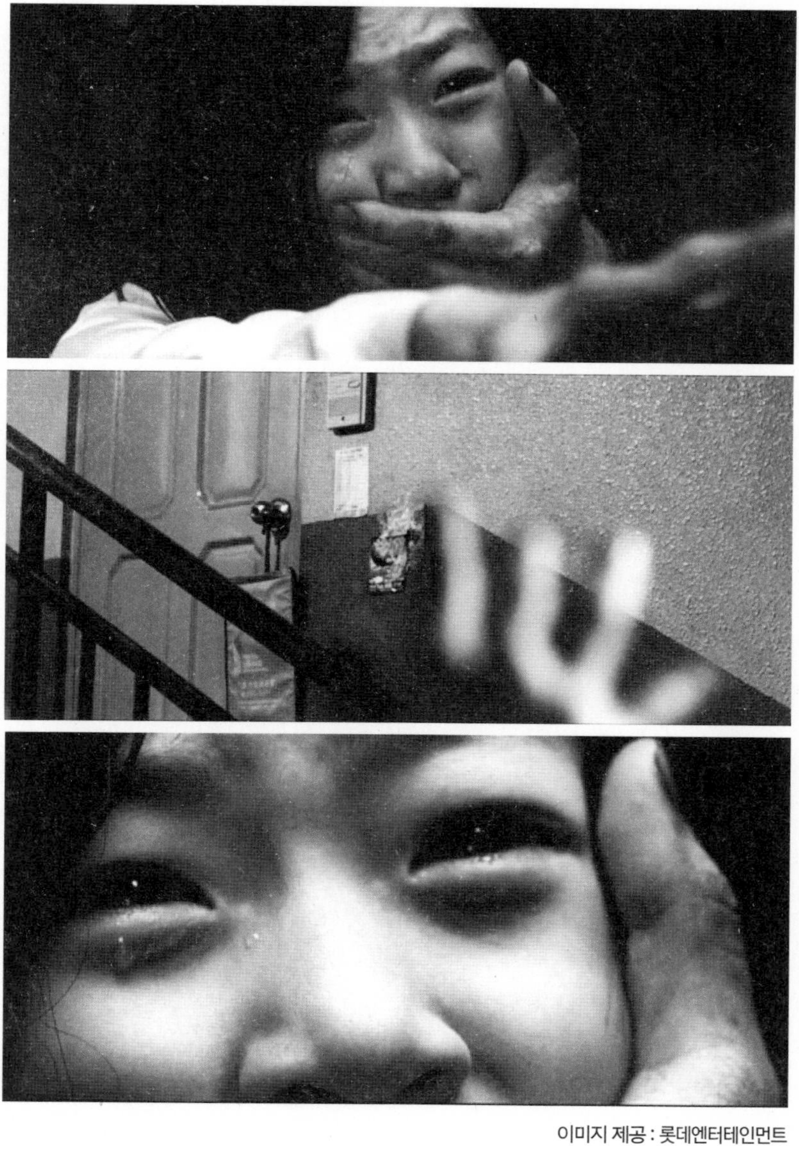

이미지 제공 : 롯데엔터테인먼트

살인마에게 잡혀가면서 처음으로 절규하듯 "엄마"를 부르고 있다. 영화는 새엄마와 여선의 감정적 친밀감이 아이러니하게도 여선이 죽기 직전에 이루어진다는 것을 좀 더 강화하기 위해 여선의 눈빛과 새엄마가 있는 202호 현관문을 몽타주 편집으로 겹쳐놓는다. 죽기 직전에야 자신의 속내를 드러내는 내성적인 딸, 가장 가까운 곳에 엄마가 자신을 구해주지 못했다는 역설성이 관객들 감정의 발화점을 만들어내고 있다.

세 번째 표현 층위에서의 특징으로 '제시적 블로킹presentational blocking'을 꼽을 수 있다. 제시적 블로킹이란, "연기자가 직접 렌즈를 바라보도록 블로킹함으로써 오히려 렌즈를 바라보는 것이라는 느낌이 들지 않도록 하거나 또는 카메라의 존재를 최소화함으로써 관객과 직접 대면하고 있는 것처럼 느끼게 하는 기법"[17]이다. 영화에서 경비원 황영감이 죽어가는 장면에서 그의 눈만을 클로즈업하여 보여준다. 웹툰에서는 없는 장면이다.

이때 황 영감의 눈이 기울어지는 모습, 피가 고여 흐르는 모습, 눈이 빛을 잃어가는 모습을 제시적 블로킹의 방식으로 보여준다. 황 영감의 눈빛이 카메라를 정면으로 향한 채 클로즈업될 때 관객들의 공포와 극적 긴장감이 최고조에 달하게 된다. 제시적 블로킹으로 유명한 장면은 봉준호 영화 〈살인의 추억〉에서 마지막 장면, 송강호가 마치 관객 중에 범인이 앉아 있는 듯 화면을 응시하는 장면이다. 이와 같이 제시적 블로킹은 감독이 관객에게 던지고자 하는 작품 의도, 주제와 연결된다. 즉 〈이웃사람〉에서 김휘 감독은 웹

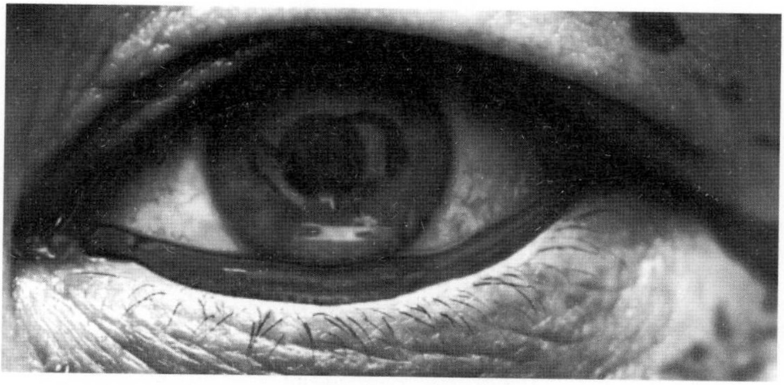

살해당하는 황 영감의 눈을 클로즈업하고 제시적 블로킹으로 처리한 씬

이미지 제공 : 롯데엔터테인먼트

툰에서는 없는 황 영감의 눈동자 장면을 영화에 장치함으로써 죽어가는 자의 무력감과 공포를 좀 더 직접적으로 관객에게 던지기를 원한다. 관객에서 '공포심'을 주어 스릴러 장르에 '공포'장르의 특징을 추가하려 한다.

4. 주제의식과 매체의 차이

웹툰은 독백이나 내레이션으로 영화는 인물 간의 대화를 통해 작가의식을 반영한다. 이때 웹툰은 영화보다 내레이션을 통해 작가가 독자에게 훨씬 직접적인 디에게시스diegesis를 할 수 있는 장르다. 웹툰 〈이웃사람〉은 독자에게 작가의 의도를 좀 더 직접적으

16 정연식, 「시나리오에서 웹툰과 영화로의 전환에 따른 스토리텔링의 변화」, 상명대 석사논문, 2014, 49쪽.

로 제시한다. 〈15화 그때〉에서 새엄마 송경희, 수위 표성록, 가방가게 주인 김상영, 사채업자 안혁모가 조금만 더 이웃에게 관심을 가졌다면 여중생 원여선이 살해되는 일은 없을 것이라 작가의 내레이션이 나온다. 15화 〈그때〉 마지막 부분에서 작가의 내레이션은 "그때 만일…… 그때 만일…… 우리가 한 발자국만 더 나아갔더라면……"으로 처리되고 있다. 이와 같은 직접적 작가의 내래이션은 작가의 주제의식을 확연히 드러내는 지점이다. 즉 가장 가까운 '이웃사람'이 살인마이면서 동시에 가장 가까운 '이웃사람'이 살인마로부터 피해자를 구해줄 수 있는 구원자여야 한다는 작가의 강력한 휴머니즘적 메시지다.

이와 같은 웹툰 작가 강풀의 주제의식은 웹툰의 마지막 30화 〈굴레〉에서 뚜렷하게 나타난다. 표종록은 눈 오는 날 버스를 타고 자신이 15년 전에 죽였던 종국의 시체를 묻어둔 곳을 향해 가고 있다. 버스 안에 할머니에게 시신이 있는 장소를 메모한 쪽지를 경찰서에 갖다 주라고 전한다. 이제서야 그렇게 표종록을 따라다니던 종국의 유령은 표종록와 함께 탄 버스에서 내리며 헤어지게 된다. 다시 버스가 정차해 있는 순간 표종록이 탄 버스에 누군가 올라온다. 표종록이 죽인 류승혁의 유령이다. 승혁은 말한다.

"이제부턴 나와 함께하겠군."

표종록은 담담하게 말한다.

"…… 어쩔 수 없지. 하지만 너 따윈 나에게 아무것도 못 해!"

류승혁은 기괴하게 씨익 웃고 말한다.

"…… 글쎄……?"

승혁의 대꾸를 듣고서야 표종록은 종국의 유령 때문에 자신이 또 다른 살인을 저질렀다는 것을 알게 된다. 이와 같은 웹툰의 마지막 장면은 결국 살인자가 저지르는 악행은 죄의식이 되어 끝없이 자기자신에게로 회귀되며 돌아오고 있다는 인과응보를 보여준다.

이에 반해 영화는 '상업성', '대중성'을 목표로 하면서 훨씬 '스릴러' 장르 문법을 충실하게 보여준다. 즉 영화 프롤로그에서 죽은 딸 여선이 집으로 돌아오고 있는 장면은 영화 마지막 장면, 승혁의 집 지하실에서 계속 거실로 올라오고 있는 죽은 여선의 유령 때문에 떨고 있는 살인마 승혁의 장면과 대응을 이룬다. 죽은 유령을 맞닥뜨린 산 자의 두려움과 공포와 죄의식 장면은 스릴러의 장르적 특징을 강화한 것이다.

이외에도 영화는 웹툰에서 나타난 작가의 주제의식보다 더 스릴러 장르의 특징을 강화하고 있다. 원여선이 죽을 때, 같은 아파트 주민들의 공간에 진동이 일며 여파가 번져간다. 컵에 담긴 물의 표면에 파동이 일어나고, 형광등이 깜박거리는 변화가 일어난다. 이와 같은 몽타주 기법은 곧 여선의 죽음이 아파트'이웃사람'과 모두 연결되어 있다는 사실, 또한 가장 가까운 곳에서 끔찍한 살인이 저질러지고 있는 무섭고도 아이러니한 상황에 대한 상징적 이미지를 드러낸다.

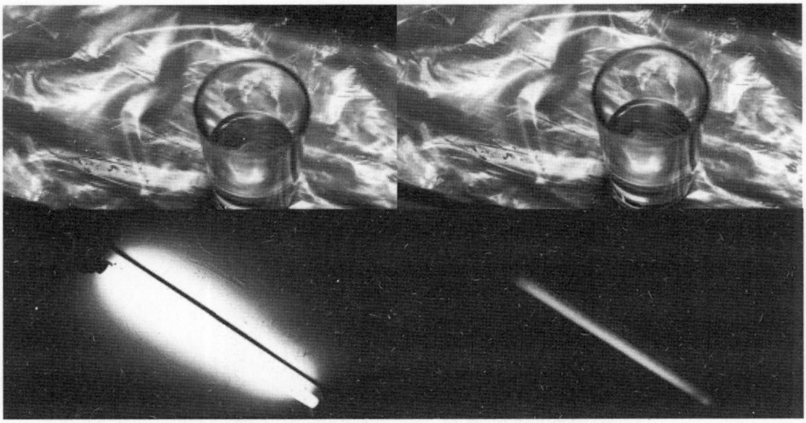

여선이 살해당하는 상황을 컵에 담긴 물의 파동과 형광등의 깜박거림으로 상징화한 씬

이미지 제공 : 롯데엔터테인먼트

또한 영화는 스릴러 장르문법에 충실하기 위해 웹툰 원작 내용에서 첨가와 삭제를 거듭한다. 웹툰에서는 경비원 황 영감이 쓰레기를 버린 류승혁을 찾아가 봉투를 여는 장면에서 피가 묻은 걸레가 나오는데, 피라는 것을 눈치채지 못한 황 영감은 그냥 돌아간다. 그러나 영화에서 황 영감은 쓰레기봉투에서 피 묻은 걸레와 함께 죽은 여학생의 명찰이 달린 교복 조끼가 나오는 것을 확인하고 경악하는 순간 류승혁에게 곧바로 살해된다[씬25]. 그리고 영화에서 원여선의 새엄마인 송경희가 황 영감의 피를 청소하는 류승혁을 발견하고 매우 놀라는 장면[씬26], 류승혁이 지하실에 죽인 황 영감을 트렁크에 넣는 중에 수연 모가 류승혁의 현관 초인종을 누르는 장면, 수연 모를 둔기로 죽이려다 수연 모가 전화로 자신의 소재를 밝히는 바람에 멈추게 되는 극도의 긴장된 장면[씬41], 유수연이 11동

에서 죽은 황 영감의 돋보기를 발견해 경비원 표종록에게 가져다 주는 장면씬45, 표종록이 류승혁의 지하실에서 수도관을 점검하다 수많은 락스통을 발견하고 의심을 품는 장면, 의심을 품는다는 것을 알게 된 류승혁이 표종록을 죽이려 다가오자 그것을 눈치챈 표종록이 스패너로 자신을 보호하는 긴장된 장면씬48. 이와 같은 장면들이 영화에서 추가된다.

결국 스릴러 양식에서 감독이 관객에서 주고자 하는 것은 '서스펜스'를 통한 '공포', '긴장감'이다. 웹툰 원작에 대해 이런 삭제와 대체, 추가를 하는 것은 곧 영화의 장르성을 더욱 극대화시키고자 하기 때문이다. 결국 웹툰 작가는 독자에게 가장 가까운 이웃이 끔찍한 살인마이자 동시에 구원자가 될 수 있다는 좀 더 교훈적이고 휴머니즘이 담긴 교훈을 던져주려 한다. 이에 비해 영화감독은 관객에게 '공포'와 '서스펜스'를 통해 클라이맥스에서의 감정적 '카타르시스'에 이르게 하는 데 주목하고 있다.

5. 웹툰과 영화형식의 변별점

만화는 그림그래픽과 글이 합쳐진 영상과 글의 경계지점에 위치한다. 경계적 측면에 있던 만화는 지면紙面에서 웹으로 옮겨가면서 영상 이미지가 더욱 강화된다. 웹툰의 세로 스크롤 형식은 동영상과 같은 동적 움직임을 보여주면서 영화 필름에서의 움직임을 연상시켰다. 또 만화의 스토리보드는 영화 시나리오를 짤 때의 스토리보드와 닮아 있다. 웹툰의 영화화는 필연적 수순이라 할 만하다. 그런 점에서 만화와 영화 장르를 서사양식과 극양식으로 구분[17]하려는 전제는 무리가 있어 보인다. 오히려 만화는 극양식의 바로 전 단계에 가깝다 할만하다.

2000년대 들어서면서 웹툰의 영화화가 가속화되었다. 하지만 인기 있던 모든 웹툰이 영화에 성공한 것은 아니다. 매체 양식의 차이가 분명 항존하고 소비시스템, 향수 과정, 생산·유통 방식에서도 엄연한 차이가 있다. 무엇보다 수용자들은 원작 영화를 선호하지만 원작을 그대로 이식한 것보다 새롭게 잘된 각색을 보길 원한다. 감독의 개성적 감각과 차별적 극성劇性이 담겨 있는 것에 주목한다. 그것은 감독의 세계관이며 예술관이기도 하기 때문이다.

〈이웃사람〉은 강풀 웹툰 중에서 영화화에 성공한 작품이다. 김휘의 〈이웃사람〉은 영화적 완성도가 높다는 호평과 함께 높은 관객 동원률을 보여주었다. 웹툰과 영화가 각각 성공할 수 있었던 것은 두 매체 다 매우 흡사한 구성과 캐릭터를 따라가면서 각 매체의 관습과 문법에 충실했기 때문이다.

이 글은 웹툰, 영화 각 매체의 차이와 각색 지점들을 찾아보는

---

17 홍재범, 「만화의 시나리오 전환 과정 고찰(1)－〈올드보이〉의 경우」, 『한국현대문학연구』 제 23호, 한국현대문학회, 2007, 623쪽. 홍재범은 만화와 영화 두 텍스트의 차이를 서사양식 / 극양식, 지면 / 영상이라는 매체의 차이로 구별해 설명하고 있지만 저자는 만화, 웹툰은 영상화되기 직전의 그림과 글의 융합을 보여주고 있다고 생각한다.

것에 의의를 두었다. 그 변별 차이점들을 정리해보면 다음과 같다.

첫째, 스토리텔링에서 영화는 웹툰보다 감정선에 좀 더 집중하고 있다.

웹툰은 감정의 대립, 충돌하는 갈등 간의 문제극성(劇性)를 강력한 서브플롯으로 하고 있다. 김휘 감독은 이와 같은 드라마성性이 '감정 라인'으로 살게 하기 위해 영화에서 훨씬 더 감정선을 살리는 쪽으로 연출하고 있다. 감독은 각 등장인물들과 '유수연'이 감정적으로 얽힐 수 있도록 영화 초반부에 소발화점을 만들어 두었다. 그렇게 하여 클라이맥스에서 유수연을 구하기 위해 모든 등장인물을 달려가도록 하는 대발화점을 만들었다.

둘째 표현층위에서 영화는 웹툰보다 제한된 시간 내 스릴러 장르를 완성하기 위해 속도감 있는 연결과 압축된 카메라 기법을 보여주고 있다.

웹툰 작가는 '연재'라는 형식 속에서 '독서의 리듬'을 고려하지 않을 수 없다. 연재형식은 각 회 단위로 기승전결의 짜임새를 갖추어 제작해야 한다. 완결성이 부족하다면 독자나 관객의 관심을 끌 수가 없기 때문이다. 그런 점에서 강풀은 웹툰 각 회 단위에서 각 한 명씩의 등장인물을 중심으로 기승전결을 꾸려나가는 방식으로 연재물의 스토리텔링 전략을 짠다. 이에 반해 영화는 러닝타임이라는 압축되고 제한된 시간에 소비하고 향수하는 장르다. 따라서 웹툰에서 각 인물 별로 한 회의 그림이 완성되는 데 반해 영화는 그 인물들이 한 시퀀스에서 다 연결되도록 속도감 있게 장치하고 있다.

또한 스릴러의 서스펜서 감정선을 강화하기 위한 카메라 기법을 사용하고 있다. 이를테면 원여선이 납치되는 장면에서 202호로 향한 원여선의 시선과 그녀의 손가락이 한 스크린에 함께 겹쳐지게 함으로써 새엄마에게 구원을 요청하는 절박함을 강화했다. 죽어가는 황 영감의 눈을 클로즈업시켜 제시적 블로킹으로 보여줌으로써 '스릴러'의 공포를 강화시켰다.

셋째, 주제의식도 강풀과 김휘는 다른 방식으로 제시하고 있다.

영화는 스릴러의 장르적 문법. 즉 서스펜스와 공포를 강화해서 각 인물들이 갖는 트라우마를 해소하고 살인마를 다 함께 죽이는 카타르시스에 좀 더 집중한다.

경희는 의붓딸 원여선에 대한 죄의식을 극복하고, 표종록은 과거 자신의 살인사건에 대한 죄의식을 극복하고, 김상영과 안상윤은 괜히 남의 일에 끼고 싶지 않다는 개인주의를 극복하며 안혁모 또한 자신의 외삼촌에 대한 분노에서 화해에 이른다. 이와 같은 죄의식, 트라우마 극복의 과정은 이 영화의 3막 클라이맥스 부분에서 다 해소되고 각 인물들은 그 해소와 더불어 모두 살인마 류승혁을 잡기 위해 빗속에 밤길을 달린다.

"인물들은 각자의 목표를 향해 돌진[진전적 모티브]하며 그 과정에서 장애물을 만나 충돌[억압적 모티브]하면서도 결코 자신의 목표를 잊어버리지 않는다."[18] 전진적 모티브와 억압적 모티브가 맞물려 나선형 구조로 나아가며 작품은 클라이맥스의 극적 지점으로 모여든다. 영화 씬126에서 각 인물들은 승혁의 집 102호로 모두 집결한다.

102호 류승혁의 집에 집결하기 위해 달려갈 때 등장인물들은 모두 그들의 트라우마를 극복하고 있는 셈이다. 영화는 스릴러란 장르의 장르성, 즉 '공포'를 극단화하고 각각의 공포를 극복, '트라우마'를 극복하는 것에 초점을 맞추고 있다. 이것이 감정적 클라이맥스를 만들어 카타르시스라는 극적인 대단원을 만들어낸다.

영화는 제작사와 투자사의 상업 시스템 속에서 생산되기 때문에 '장르성'을 강화할 수밖에 없다. 곧 '스릴러'라는 장르적 문법에 최대한 다가가려 한다. 그에 반해 웹툰은 작가의 교술적 주제의식이 좀 더 확연하게 드러난다. 웹툰은 태생부터 포털 사이트에서 무료화로 시작되었다. 강풀은 웹툰을 통해 한국사회에 대한 작가적 사회의식을 좀 더 확연히 드러내려 한다. 15화 〈그때〉에서 등장인물들이 원여선이 살해당하던 그때 조금만 더 신경을 썼더라면 여선이 죽지 않았을 거라는 주제의식을 내레이션으로 드러낸다. 마지막 화인 30화 〈굴레〉에서도 죽은 자는 자신을 죽인 자를 끝까지 따라다닌다는 '인과응보'의 주제의식을 다시금 환기시킨다. 이와 같은 웹툰의 교훈성 혹은 작가의식은 웹툰이 완전한 영상물인 영화와 달리 여전히 '문자'매체를 담보하고 있기 때문이다.

이렇게 보았을 때 웹툰의 영화화 과정에서 중요한 것은 영화감독이 갖는 새롭고 개성 있는 각색 과정이라는 점이다. 또한 웹툰과 영화는 각 매체적 특성을 최대화 극대화할 때 각 매체의 장점을 확보

---

18 홍재범, 위의 글, 623쪽.

할 수 있고 독자나 관객의 관심을 받을 수 있다는 것을 알 수 있다.

앞으로도 한국 웹툰이 영화화될 가능성은 높아 보인다. 웹툰은 '연재'라는 형식, 영화는 '장르영화'로서 영화적 관습, 이와 같은 매체적 특징들을 얼마나 고려하는가 하는 것이 그 작품의 흥행에 큰 영향을 미칠 것이라 생각된다.

제7장

판타지와 역사를 결합하는 두 가지 영화기법

장준환 영화, 〈지구를 지켜라〉,
기예르모 델 토로 영화, 〈판의 미로〉

1. 역사물과 판타지의 결합

근대성이 갖는 야만성은 동화적 환몽을 악몽의 기억과 겹쳐놓곤 한다. 근대 파시즘과 자본논리의 폭력성은 불안과 공포를 가져오고 극단적 불안과 공포는 자신을 표현하고 의식과 행동을 위한 출구를 찾으려 하는 데서 환상으로 연결되곤 한다. 근대의 극단화된 합리주의와 계몽주의가 주술적 신화를 불러들여 "공동체적 연대와 휴식을 찾으려는 데서 21세기 판타지 장르가 회귀하게 되었다"[1]는 의견은 이미 널리 알려진 바이다. 판타지가 20세기 근대가 만들어낸 문명 근대의 "정신적 외상에 대한 대응기제"[2]로서 작용한다는 언급도 이와 연결된다.

인류 역사에서 파시즘이 만연한 시기, 인류의 모든 공동 선善이 막을 내리고 있다는 폐허 같은 절망 속에서 작가들은 마지막 해방

1 김부자, 「판타지와 작가주의－기예르모 델 토로의 영화를 중심으로」, 『지중해지역연구』 제17권 제3호, 부산외대 지중해연구소, 2015.8, 49쪽.

2 임영, 「〈판의 미로〉에 나타난 실제와 판타지의 비경계성 미학에 대하여」, 『Journal of International Culture』, Vol.10 No.2, 조선대 국제문화연구원, 2017, 175쪽.

을 위한 환상을 불러온다. 그것을 통해 주체를 위협하는 타자의 욕망을 가로질러 진정한 주체로 거듭나고자 한다. 공포와 불안에 대한 방어기제로서의 환상일지라도, 결코 아름다운 동화라 할 수 없더라도 환상성은 파시즘으로 압박해오는 현실에 대한 주체적 응답으로서 그 정치적 함의를 내포한다.

1956년 톨킨의 소설 『반지의 제왕』이 출간된 것은 제2차 세계대전이라는 광포한 세계대전에 대응하고자 하는 환상이었다. 1950~1956년 시리즈로 출간된 C.S. 루이스의 소설 『나니아 연대기』 또한 끔찍했던 제2차 세계대전에 대응하고자 하는 동화라 할 수 있다. 절대 권력에 대한 인간의 탐욕, 전 세계를 지배하고자 하는 파시즘에 대한 경고를 담고 있는 이 판타지 소설은 CG 기술에 힘입어 21세기 영상화되게 된다.

츠베탕 토도로프〈환상문학서설〉, 1970[3]는 초자연적인 요소를 접했을 때 현실과 텍스트 세계 사이에서 독자의 수용과정의 '망설임' 유무에 따라 환상문학을 유형화할 수 있다고 언급했다. 캐서린 흄〈환상과 미메시스〉, 1984[4]은 '환상성'을 미메시스와 마찬가지로 예술적 충동의 하나로 파악하며 리얼리티로부터의 일탈로 여겼으며 J. R. 톨킨논문 「동화에 관하여」, 1947은 장르 구분보다 탈출과 위안을 통해 독자들에게 위안과 회복을 주는 문학을 환상문학이라 규정했다.[5] 스콜스에 의

3 츠베탕 토도로프, 최애영 역, 『환상문학서설』, 일월서각, 2013, 56쪽.

4 캐스린 흄, 한창엽 역, 『환상과 미메시스』, 푸른나무, 2000, 55쪽.

5 논자에 따라 판타지영화와 환상문학 혹은 환상 영화를 하나의 범주로 규정(김부자, 위의 글, 40쪽)하기도 하고 환상장르의 프랑스어 용어가 판타지영화뿐만

하면 "현실은 사실주의가 포착하기에는 너무 미묘하다. 현실을 직접적으로 묘사할 수는 없다. 그러나 허구적 창조와 우화화를 통해 현실에 최대한 근접할 수 있는 길을 찾을 수 있다"[6]고 말했다.

판타지물이라는 영화 장르적 관점에 근거해 판타지물이 역사를 소재적 차원으로 끌어왔을 때 역사 기억에 대응하는 영화기법적인 차원을 살펴보고자 한다. 장준환 감독의 〈지구를 지켜라〉와 기예르모 감독의 〈판의 미로〉는 둘 다 B급 정서로 제도권 영화 담론에서 비껴가는 기괴한 상상력을 보여주고 있다. 모방과 비틀기로서의 정치적 상상력 혹은 현실 / 환상에 대한 독특한 세계관이라 할 수 있다. 일반적으로 논문에서 두 대상을 '비교' '분석'하는 논리 전개가 갖는 득과 실이 있다는 것을 감안할 때, 이 글은 기계적인 비교를 통한 분석이라기보다 제도권적 정서와 감수성을 벗어난 혼종hybrid[7]과 기괴함이란 마이너적 정서가 어떤 영화적 기법으로 구현되는가에 주목하고자 한다. 할리우드 중심의 세계관, 기독교적 이분법에 의한 선악관계를 벗어난 전복적 세계관의 일면을 동양과 서양이라는 공간적 대척점에 있는 두 영화를 통해 살펴보

아니라 공상과학영화, 공포영화 등 초자연적인 것이 현실계에 침입하는 내용을 다룬 모든 영화를 포함하고(노시훈, 「〈판의 미로〉에 나타난 환상성과 미궁의 모티프」, 『대중서사연구』 Vol.25 No.4, 대중서사학회, 2019, 137쪽) 있기도 해서 이 글에서는 〈판의 미로〉를 판타지영화 대신 환상영화라 명명하고자 한다.

6 루이스 파킨스 자모라 · 웬디 B. 파리스 편저, 우석균 역, 『마술적 사실주의』, 한국문화사, 2001,137쪽.

7 김지훈, 「판타지와 대항-기억으로서의 브리콜라주-영화 「지구를 지켜라」의 양가적 상상력」, 『문학과사회』 16권 3호, 문학과지성사, 2003, 1295쪽.

고자 한다. 역사물을 판타지화 했을 때 접근할 수 있는 영화기법의 두 가지 측면이라 할 수 있다.

2. 현실 / 환상의 대결과 알레고리 구조 〈지구를 지켜라〉

장준환 감독은 그동안 폭력과 억압의 근대가 괴물처럼 주체를 집어삼키려 할 때, 더 광기어린 괴물로 변화해 세계와 대결하는 반영웅적 주체의 모습을 견지해왔다. 영화 〈화이〉2013의 부제가 '괴물을 삼킨 아이'였다는 점, 영화 제목 〈지구를 지켜라〉2003[8]의 소년 같은 환상에 사로잡힌 주인공에서도 짐작 가듯, 그가 내세우는 주인공은 소년이나 소녀 이미지를 띤다. 그들은 한결같이 하위주체들이며 예외적 개인으로서 근대의 광기에 대응한다.

영화 〈지구를 지켜라〉에서 반영웅적 주인공은 황당무계한 공상에 가까운 상상으로 지구인을 납치해 변장한 외계인이라 몰아붙인다. 기괴하고 황당한 유아적 상상력, 유희적 방식으로 고문한다. 청소년기의 만화적 상상력을 연상시키는 서사의 전개는 점점 잔혹한 광기로 치닫고 주인공의 상상이 현실과 가장 멀어진 망상에 가깝다는 생각에 다가갔을 때 관객은 가장 슬프고도 부조리한 리얼리즘에 당도하게 된다. 그런 점에서 이와 같은 음울한 만화적 판

---

8 〈지구를 지켜라〉라는 제목은 〈독수리 오형제〉나 〈태권V〉 같은 애니메이션을 연상시킨다.

타지 서사가 기실 역설적으로 극현실을 반영하는 극사실주의라는 말은 일면 설득력을 얻기도 한다.

영화는 B급 영화류의 황당함과 기괴한 서사로 시작하고 있다. 과대망상과 분열증에 시달리는 병구는 자신의 가족에게 생긴 불행이 지구를 파괴하기 위해 온 외계인의 짓이라고 생각하고 외계인으로 추정되는 강 사장을 납치해 고문하기 시작한다. 병구의 아버지는 탄광에서 일하다 사고로 불구가 되어 죽게 되고 엄마는 강 사장의 유제화학공장에서 일하다 알 수 없는 화학물질 중독으로 오랫동안 입원해 있으며 여자친구는 공장에서 일어난 파업 시위 중 공장장에게 맞아 죽는다. 심지어 병구 또한 청소년기 학교에서 등록금을 내지 못해 선생에게 맞고 왕따를 당하며 불량한 친구들에게 맞고 노점상을 하는 엄마를 괴롭히던 양아치를 칼로 찔러 간 감옥에서는 교도관에게 맞는다. 지구를 지켜야 할 병구는 싸움을 잘하지도 머리가 뛰어나지도 않은, 한국 근대화 과정에서 생겨난 야만적 폭력과 억압의 희생자에 다름 없다. 할리우드 영화 〈슈퍼맨〉처럼 하늘을 날지 못하는 대신 병구는 아드레날린이 분출할 때마다 정신분열증에 먹는 알약을 삼켜야 하는 노이로제와 히스테리 환자이다. 강 사장을 납치해 변기에 묶어 둔 뒤 병구는 강 사장에게 고함을 치듯 소리를 지른다.

이미지 제공 : 싸이더스

산 속, 병구의 집 지하실

병구 난 다 알아. 니들이 왜 안드로메다에서 지구까지 왔는지. 니들이 지금 무슨 짓을 꾸미고 있는지! 니들이 우리 엄마한테 무슨 짓을 했는지! 니 원래 이름이 꾸오오아떼꾹이라는 거까지! 다 알아, 다 안다구!

강 사장 (놀라며, 멍)

병구 왜, 놀랬나? 그럼 왕자도 거기에 앉게 되면 더 놀라겠군.

강 사장 (뜨악, 황당) 왕자?

병구 니가 왕자와 텔레파시가 통하는 유일한 놈이잖아. 로얄 분체교감 유전자코드!

강 사장 로얄, 뭐, 어?

강 사장에게 소리를 치는 병구의 모습은 "광각렌즈의 디스토션 효과로 양각의 카메라 앵글과 더불어 병구의 망상과 불안정한 심리상태를 강조"[9]하고 있다.

강 사장이 병구에게 "너 나한테 계란 던진 강릉공장 직원 맞지? 네 엄마 때문에 그러는 거야? 너 애인 죽은 것 때문에?" "난 너 같은 놈들을 잘 알아. 너 같은 놈들에게 진 적이 없어. 자기 못난 줄은 모르고 남의 탓이나 하면서 꼴값 떠는 새끼들."하고 비난을 쏟을 때, 과거 병구의 비극적 이미지가 몽타주처럼 스쳐갈 때 병구가 소리를 지르며 온 몸을 떨며 뛰쳐나가 약통을 털어 약을 입 속으로 마구 쏟을 때, 광포한 자본 근대의 분열증과 도착적 편집증을 보는 것 같다. 〈지구를 지켜라〉의 주인공 병구는 안타깝게도 국가기관의 폭력과 기업 자본의 테러 속에서 정신병리학적으로 정신착란에 빠져 지구를 지키고자 하는 슬픈 반영웅이 된 것이다. 강 사장을 가두고 고문하는 것은 오이디푸스적 징후, 과거 비극적 가족사에 대한 강박증과 싸우는 또 하나의 과정처럼 느껴진다.

분열증에 걸린 정신 / 신체는 영화 미장센의 시각적 배치로 더욱 분명해진다. 병구의 지하실에 늘어선 수많은 마네킹들, 목이 부러진 순이의 마론인형, 수많은 실험유리병 속에 담긴 잘려진 신체의 일부 등. 잘리고 굴절된 신체 이미지는 병구의 기이한 착란증 이미지를 더욱 심화시킨다.

---

9 김병정, 「시각화전략을 통한 〈지구를 지켜라〉의 다성적 내러티브 구축」, 『한국콘텐츠학회논문지』, Vol.9 No.10, 한국콘텐츠학회, 2009, 145쪽.

이미지 제공 : 싸이더스

버려진 폐광 목욕탕을 자신의 작업실로 만들고 폐기된 사물들, 마네킹, 책상, 변기통, 바이브레이트 등을 수작업으로 결합하고 만드는 하이브리드 혼종[10]은 무질서하면서 기괴한 창조를 보여주면서 병구 나름의 굴절된 의미와 새로운 논리를 만들어내는 근거로 작용한다.

하지만 영화의 마지막, 강 사장이 외계별 안드로메다 왕자라는 것이 확인되는 순간, 병구의 망상이라고 단단하게 믿었던 SF적 환상이 '실제'였다는 것이 밝혀지고 그리하여 마침내 병구가 끝까지 지키고 싶어 했던 지구가 외계인에 의해 폭파되며 우주의 티끌로

---

10 김지훈은 병구가 만든, 광부의 작업복, 우주복, 스프레이 물파스, 인조성기 바이브레이터 등, 수작업에 의해 만들어낸 기괴한 것들을 '브리콜라주'의 결정적 신호라고 말한다. 김지훈, 「판타지와 대항—기억으로서의 브리콜라주—영화 「지구를 지켜라」의 양가적 상상력」, 『문학과사회』 63권, 문학과지성사, 2003, 129쪽.

사라지게 되는 순간, 지금까지 영화 내러티브를 지탱해주던 리얼리즘과 판타지 사이의 경계가 흔들리며 완벽한 전복이 일어난다. 즉 영화 초반에 느꼈던 '환상'이 영화 마지막에 '실제'가 되었을 때, 거꾸로, "지구가 은하계에서 사라져버리는" 영화 내러티브상에서의 '실제'가 판타지물의 판타지라는 것을 다시 확인하게 되는 역설이 일어날 때 관객은 실제와 판타지가 섞여버리는 혼재의 상황, 경계 해체의 혼미함을 느끼게 된다. 병구의 망상이 실제라는 것이 밝혀지는 순간, 영화는 역설적으로 극리얼리즘으로서의 '현실'을 느끼게 한다. 이때 관객은 이 영화에 나타난 역사적 현실과 SF적 환상이 알레고리적 기법으로 철저하게 우화적 진실을 전해주기 위한 어떤 것이었다는 것을 알게 된다.

알레고리의 전통적 의미는 이중적 표현으로, 형상과 의미를 갈라지게 하는 확장된 은유나 상징의 의미로 쓰인다. 현대적 의미에서는 폴드만에 의해 정의되는데, "언어의 근본적인 수사적 성질에 의해 의미가 끝없이 치환되어 결정적인 의미에 다다를 수 없는, 혹은 그것을 거부하는 '독서불가능성'의 과정이다. 알레고리적 읽기는 의미의 비결정성과 불가능성을 통해 해석을 확장해 가는 것"[11]을 말한다. 전통적인 정의든 현대적 정의든 알레고리는 수사법상에서 문자적 의미를 무시하고 상징적 의미를 찾으려는 독해와 관계 있다.

---

11 이윤성, 앞의 글, 1998, 2쪽.

그렇게 보았을 때 영화 〈지구를 지켜라〉에서 병구와 강 사장이 벌이는 격렬한 두뇌 싸움, 몸싸움은 끔찍한 자본기업, 공권력의 폭력에 의해 철저하게 파멸된 하위계층의 대결과 저항을 알레고리화한다. 병원에 누워있는 엄마를 찾아간 병구가, 너무 힘들다고 괴로워하자, 영화적 상상 속에서 누워있던 엄마가 침대에서 일어나 병구를 안아주면서 "병구야, 힘내. 지구를 지켜야지"라고 말하는 장면을 떠올려볼 수 있다. 이 장면은 이 영화가 알레고리의 상징을 전제한다는 알리바이가 된다. 절망에 빠진 아들을 위로하는 엄마의 보편적인 대응은 "병구야, 힘내. 엄마가 옆에 있잖아"와 같은 류의 대사이다. 하지만 엄마가 병구에게 정색을 하고 "병구야, 힘내. 지구를 지켜야지"라고 말하는 순간, 영화의 모든 인물들은 병구의 시점에서 알레고리화된 캐릭터라는 것을 알게 된다. 강민구 사장은 당연하게도 국가기관의 폭압과 잔인한 자본권력의 상징이 된다. 병구와 순이는 그들에 의해 철저하게 짓밟힌 하류층을 상징하고 있다. 영화 오프닝에서 강 사장의 일상생활의 사진을 순이와 바라보며 병구가 하는 말, "겉모습은 그럴듯해 보이지만 저 가죽 속에 아주 끔찍한 모습이 숨겨져 있다"라는 말은 영화 전체의 주제의식을 드러내는 암시적인 대사이다. 즉 강 사장이야말로 만화적 상상력에 의해 외계인으로 치환된 파시즘적 자본 권력의 상징이다. 그는 현대를 살아가는 평범한 사업가처럼 보이지만 겉과 달리 갖은 부패와 부조리와 위선, 탐욕이 가득한 인물이다. 무엇보다 근대기술 문명의 상징인 유제화학 사장이자 경찰서장의 사위라는 권력적 직함은 화학물질로 환경과 노동자의 신체를 훼손하고 경찰의 공권력을 임의로 움직이게 할 수 있는 막강한 권한을 암시한다.

〈지구를 지켜라〉는 한국산업화 과정에서 있었던 폭압의 과정을, 심층의 기억에서부터 끌어내는 과정을 '환상망상'이라며 억누르는 현실의 억압기제와의 대결을 보여준다. 과거 악몽으로서의 기억과 그 역사 기억이 오류라며 질타하는 강 사장으로 대변되는 자본권력과 대결과정, 즉 현실과 환상의 대결·대치과정은 곧 '알레고리화된 현실'이라 할 수 있다.

또한 강사장을 외계인이라 확신하며 납치한 병구의 예측을 '과대망상'으로 여기는, '순이'를 제외한 모든 주변인물들을 떠올려볼 수 있다. 영화 내에 병구 주변을 맴돌며 수사망을 좁혀들어오는 형사들을 환기해볼 수 있다. 하지만 병구의 예측을 '과대망상'으로 생각하는 가장 핵심적인 인물은 바로 '관객'이다. 즉 감독은 우리가 살아가고 있는 한국이라는 현실, 근대문명을 이룩하기 위해 저질렀던 폭력의 과거사를 잊고 자본의 탐욕에 함께 젖어서 살아가는 현대인관객이야말로 '망상증' 환자임을 드러내고자 한다. 강 사장을 고문하기 위한 도구들, 물파스와 때밀이 수건, 전기충격기와 고안된 바이브레이터 등, 기괴하고 유아적인 고문 도구를 보면서 영화의 주인공 병구야말로 신뢰할 수 없는 연민의 대상이라고 여길 때, 강 사장이 "네 엄마가 그렇게 된 게 왜 내 잘못이야. 네 애인이 죽은 것도 내가 그런 게 아니야"라고 항변할 때, 강 사장의 말에 도리어 수긍하게 되는 관객이야말로 '망상'에 빠져 제대로 된 현실을 모르는 '외계인'인 셈이다. 외계인의 이름을 호명할 때 핏대를 세우며 "꾸오오아떼꾹"이라는 알아들을 수 없는 발음을 하며 신경증처럼 몸을 떠는 병구의 모습에서, 하루종일 마론 인형의 머리를 빗질하며 유아적 감성을 벗어나지 못한 순이의 모습에서 상상계를 벗어나지 못한 환상 속에 사는 인물임을 확신할 때 이 영화는 상상계 속의 사적 기억과 상징계 속의 공적 역사의 대결을 알레고리화하고 있다는 것을 알게 된다.

3. 현실과 환상의 병치구조 〈판의 미로〉

기예르모 델 토로 감독은 동화적 판타지, 그리스 비극과 신화, 성경적 모티브 등을 기반으로 판타지 서사를 구축해 왔다. 분장 감독에서부터 영화 일을 시작한 감독답게 캐릭터에 시각적으로 독특한 이미지를 구현하면서 그만의 감성과 독창성을 구축해왔다. 그의 10여 편의 영화 중에서 〈판의 미로－오필리아와 세 개의 열쇠〉[12]에 나오는 '판', 〈셰이프 오브 워터－사랑의 모양〉에 나오는 '괴생명체'는 모두 반인반수의 형태를 취하고 있다. 〈판의 미로〉에 모안나 공주, 〈셰이프 오버 워터〉에 아마존강의 왕자라는 캐릭터처럼 왕자와 공주라는 동화적 세계관은 파시즘이 횡행하던 시대

12 이후로 〈판의 미로〉로 생략해서 명명하겠다.

를 배경으로 삼는다. 〈판의 미로〉는 스페인 내전이 한창이던 1944년 프란시스 프랑코 독재하의 스페인을, 〈셰이프 오브 워터〉는 1966년 우주탐사를 사이에 두고 미소 갈등이 한창이던 이념 갈등의 시대를 배경으로 하고 있다. 가장 폭력적이고 잔혹한 시대에 가장 동화적인 상상력, 신비한 환상성을 만들어내는 것은 로즈메리 잭슨의 말대로 환상이 "문화적 속박으로부터 비롯된 결핍을 보상하려고 하는 욕망의 문학"[13]이기 때문일 것이다.

델 토로 감독은 반인반수 이종異種의 존재, 이계異界의 세계를 현실세계에 개입시켜 현실계의 잔혹한 공포와 공존하게 배치하고 있다. 그가 보여주는 환상은 결코 아름다운 동화도 아니며 지상낙원도 아니다. 델 토로의 환상은 잔혹한 현실의 반복이자 거울인 셈이다. 이와 같은 잔혹동화를 현실과 병치시켜 나가는 데에는 분명 우화적 판타지를 통한 정치적 성향을 드러내고자 함이 있겠지만 분명한 것은 그의 판타지 서사는 기독교 세계관과 구별되는 불편한 우수와 기괴한 어둠이 존재한다는 점이다. 현실의 공포를 벗어나기 위한 이 환상을 정신분석학적 접근에서 '신경증적 환상'이라고 했을 때 그것을 다크 판타지라 명명할 수 있을 것이다. 어두운 무의식의 환상이라 할 수 있다.

〈판의 미로〉에서 숏 배열, 혹은 배열의 원리와 기법은 기존 논의[14]에서 언급된 바대로 현실과 환상의 넘나듦으로 살펴볼 수 있

13 로즈메리 잭슨, 서강여성문학연구회 역, 『환상성 – 전복의 문학』, 문학동네, 2001, 12쪽.

다. 이를테면 〈반지의 제왕〉이나 〈나니아 연대기〉, 〈해리포터〉에서 구축되는 세계는 "가상적인 시공간을 무대로 환상 그 자체로 자족적인 시공간"[15]이다. 현실을 지우고 그 자리를 환상이 대체하고 있으며 역사적 세속적인 시간을 이탈하여 원초적이고 신성한 시간을 재현한다. 이에 비해 〈판의 미로〉는 현실과 환상을 의도적으로 병치[16]해놓는다. 〈판의 미로〉는 "환상의 세계에 속한 오필리아의 관점과 미메시스의 세계에 속한 나머지 인물들의 관점을 대비시켜 현실을 보여준다. 환상계는 현실계를 비춰주는 거울 역할"[17]을 하게 한다.

병치에는 두 가지 요소가 있다. 첫 번째는 대비되는 두 요소가 의미 차원에서 동등하고 동일한 것을 상이한 양식으로 제시하는 것, 둘째는 대비되는 두 요소가 동일한 양식으로 상이한 것을 지시하는 것[18]이다. 〈판의 미로〉는 이 두 가지 요소 중에서 두 번째 양상으로 드러난다.

〈판의 미로〉는 1944년 스페인 내전이 끝나고 프랑코 정부군과

---

14 임영은 "영화에서 사용된 판타지와 실제의 삶이 이분화 되어있지만, 비경계성 미학을 연출"하고 있다고 언급한 바 있다. 임영, 「〈판의 미로〉에 나타난 실제와 판타지의 비경계성 미학에 관하여」, 『Journal of International Culture』 Vol.10 No.2, 조선대학교 국제문화연구원, 2017, 169쪽.

15 박진 · 김행숙, 『문학의 새로운 이해』, 민음사, 2013, 66쪽.

16 이 글은 〈판의 미로〉에서 실제와 판타지의 연출 방식을 임영의 '비경계적 넘나듦'이라기보다는 '병치'의 방식으로 보고자 했다.

17 노시훈, 「〈판의 미로〉에 나타난 환상성과 미궁의 모티프」, 『대중서사연구』 Vol.25 No.4, 대중서사학회, 2019, 151쪽.

18 유리 띠냐노프 외, 오종우 역, 『영화의 형식과 기호』, 열린책들, 1995, 200쪽.

레지스탕스 사이에 지역적인 교전이 일어나던 시대를 배경으로 삼고 있다. 냉혹한 의붓아버지 비달 대위가 있는 정부군 숲속 거처로 엄마와 함께 오게 된 오필리아는 신비하고 비밀스러운 숲속에서 요정을 따라 미로로 들어가게 되고 그곳에서 '판'이라는 반인반양의 괴물을 만나게 된다. 판은 오필리아에게 오필리아가 지하왕국의 공주이며 보름달이 뜨기 전에 세 가지 임무를 완수해야 다시 지하왕국으로 돌아올 수 있다고 말한다. 영화는 마치 임무를 완성해야만 신분을 회복하고 성에 닿게 되는 영웅서사 신화를 닮아 있는 듯하다. 하지만 오필리아는 특별한 출생 이력을 갖고 있는 것도 아니며 특별한 능력을 부여받은 것도 아니다. 다만 그녀가 가장 중요하게 생각하는 것은 동화책 혹은 동화이며 동화적 환상에 대한 믿음을 가지고 있다는 사실이다. 그에 반해 의붓아버지 비달 대위가 집착하는 것은 회중시계이다.

 # 방앗간 앞마당(낮)

(대위가 가지고 있는 회중시계. (클로즈업) 회중시계를 보며)

부하 (지프차가 들어오는 걸 보며) 대위님, 저기 오십니다.

대위 15분 늦었군.

(자동차 도착하고, 멈춘 자동차 쪽으로 걸어가 차 문을 열며)

대위 (웃으며) 카르멘, (카르멘의 배를 바라보며) 어서 와. (…중략…)

카르멘 (차 안을 보며) 오필리아, 나오렴. 대위님께 인사드려야지.

대위 (차 안을 보며) 오필리아.

(오필리아가 어색하게 왼손으로 악수를 청하자)

대위 (냉엄한 표정, 오필리아의 왼손을 꽉 쥐며) 악수는 오른손으로 하는 거란다. (…중략…)

(인상을 쓴 채) **동화책을 잔뜩 안고 내린** 오필리아.

(강조는 저자)

비달 대위가 보는 회중시계는 총 러닝타임 중에서 일곱 번 클로즈업으로 반복된다#8, #14, #37, #61, #66, #102, #107. 오필리아의 동화책혹은 판에게 받은 마법의 책은 열 번 반복되며 클로즈업된다#4, #8, #9, #16, #18, #21, #26, #47, #55, #87.

영화적 반복은 비영화적 반복과 다르다 할 수 있다. 인상의 재배열 혹은 반복에 의해 영화적 의미는 깊어진다.[19] 무엇보다 스크린은 테두리와 표면에 의해 제한된다. 영화는 경계에 대한 파괴 가능성을 가지고 내부 표면을 채운다. 테두리를 공격하는 대표적인 수단은 클로즈업이다. 떨어져 나온 디테일은 전체를 대신하는 환유가 된다. 이 디테일은 세계에 대하여 이질동상異質同像적 관계를 가진다. 하지만 우리는 그것이 어떤 사물의 부분임을 알고 있다. 따라서 스크린에 존재하지 않는 이 사물의 외모가 스크린의 테두리와 충돌하게 된다.[20] 즉 클로즈업은 스크린의 본질적인 평면성을

19 유리 띠냐노프 외, 오종우 역, 위의 책, 201쪽.

20 위의 책, 236쪽.

파괴하면서 공간과의 싸움을 하고 있는 하나의 중요한 메타포라 할 수 있다.

〈판의 미로〉에서 클로즈업된 시계와 동화책은 대위와 오필리아 각 캐릭터와 세계관을 규정짓는 상징물이라 할 수 있다. 비달 대위의 회중시계가 법, 제도, 질서, 규율을 중시하는 근대 합리주의와 가부장제, 서구 이성계몽주의를 대변하고 있다면 오필리아의 동화책은 근대 이성에서 추방된 것을 다시 불러들이는 환상, 법과 지배적 가치체계 바깥에 놓여 있던 무질서와 무법, 보이지 않고 침묵했던 문화로서의 초자연적인 신화 혹은 무의식이라 할 수 있다. 비달 대위는 의사 페레이로가 말한 대로 "생각 없이 시키는 대로 사는 족속"인데 반해 오필리아는 동화 속 요정 이야기를 믿으며 자신의 주체적 의지를 지닌 소녀[21]이다. 대비되는 두 요소가 동일한 양식으로 상이한 것을 지시하고 있다. 이러한 대조는 남자 군인장교 / 어린 소녀, 법 / 무법, 현실 / 환상이라는 이분법으로 영화 내내 교차편집 화면으로 드러난다.

21 판이 마지막으로 남동생의 피를 원했지만 오필리아는 거절하고 본인이 스스로 죽음을 선택한다.

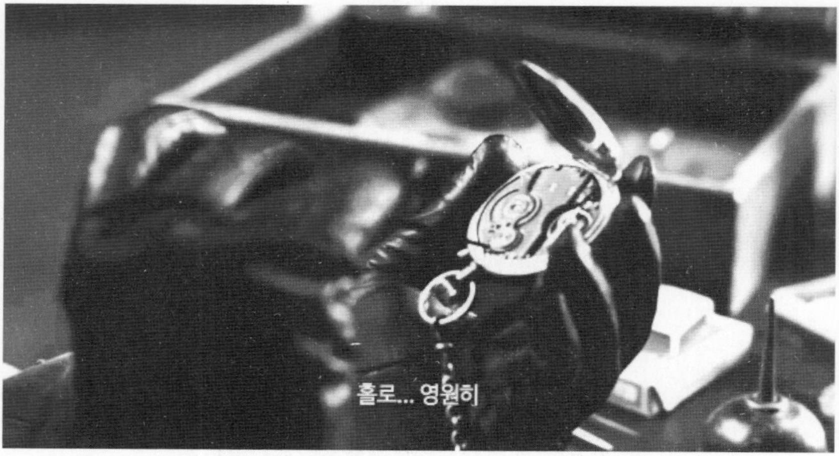

오필리아의 보이스오버와 대위의 회중시계가 겹쳐지는 씬14

이미지 제공 : 디스테이션

카르멘의 침실(밤)

(오필리아, 엄마의 배에 귀를 대고 이야기하듯 속삭인다)

오필리아(Na) 옛날 옛적에 슬픔에 잠긴 머나먼 나라에 검은 돌로 된 커다란 산이 있었지. 해가 지면 영원한 삶을 약속한 마법의 장미꽃이 폈지. 하지만 아무도 가까이 갈 수 없었어. 그 장미 가시에 독이 많았거든. 사람들은 고통과 죽음만 이야기하지 **영원한 삶에 대한 약속**은 잊고 살았지. 결국 장미는 누구에게도

#14. 대위의 처소(밤)

(회중시계를 기름칠하고 수리하는 대위)

오필리아(Na) 영원한 삶을 주지 못하고 차가운 산꼭대기에서 모두에게 잊히고 사라졌어. 홀로, 영원히.

오필리아의 보이스오버와 군인들의 추격장면이 겹쳐지는 씬27

이미지 제공 : 디스테이션

방앗간 앞마당(낮)

(일제히 말을 몰아 산으로 오르는 대위와 군인들. 그 산 숲속 옆으로 드레스를 입은 오필리아가 마법의 책을 들고 오른다.)

오필리아(Na) 옛날 옛적에 이 숲이 처음 생겼을 때,

#27. 산 숲속 언덕(낮)

(말을 타고 산을 오르는 군인들)(몽타주)

오필리아(Na) 마법과 놀라움으로 가득 찬 생명체들의 집이었어요.

숲속(낮)

(숲길을 걸어가는 오필리아)

오필리아(Na) 그들은 서로를 보살펴주며 방앗간 근처 언덕에 있는 커다란 무화과나무 그늘에 살았답니다. 하지만 나무

는 병들고 가지는 모두 말라 버렸고 줄기는 늙어 비틀어졌어요.

(강조는 저자)

오필리아가 카르멘 뱃속에 있는 남동생에게 전하는 동화이야기는 회중시계를 수리하는 대위의 씬과 겹쳐진 채 보이스오버로 흘러나온다. 반군 소탕을 위해 산으로 오르는 대위와 그 부하들 모습에서 오필리아의 생태주의적 평화주의, 신비한 생명체의 집인 숲속 자연에 대한 묘사가 내레이션으로 흘러나온다. 또 무화과 나무뿌리 안으로 기어들어 가는 오필리아의 씬31은 산속에서 반군을 찾는 군인들의 씬32과 패닝의 형식으로 씬 연결된다.

이러한 팬의 형식, 현실과 환상의 오버랩, 현실과 환상의 교차편집은 영화 내내 계속된다. 두 개의 상이한 대상의 숏과 숏의 결합은 몽타주로서 새로운 의미의 교차점이 된다.

영화의 양식을 결정하는 것은 숏의 성격거리, 카메라 앵글, 조명, 렌즈 구경 등과 몽타주의 유형이라는 것은 널리 알려진 사실이다. 몽타주는 숏의 배열 혹은 숏 연결의 중심 시스템[22]으로 영화의 의미적 총체라 할만하다. “영화의 효과는 하나의 프레임이 다른 프레임과 결합할 때, 곧 스크린에서 이야기가 생길 때 발생한다. 이야기는 상이한 대상들을 찍은 숏들의 대비로도 생겨나고, 하나의 대상이 양식들

22 유리 띠냐노프 외, 오종우 역, 앞의 책, 71쪽.

에 의해 바뀌는 일련의 숏들에 의해서도 생겨난다."[23] 몽타주는 이질적인 요소들의 병치라 할 수 있는데, 여기서 병치는 '대립과 동시에 통합'의 의미를 지닌다.

이를테면 오필리아가 '영원한 삶을 약속한 마법의 장미꽃'을 믿는 영원한 삶의 대한 믿음을 지닌 자라면 대위는 시간의 분절성, 균질성으로서 시계에 집중한다. 근대 사회에서 시계적 시간은 자본 혹은 국가권력의 규율과 명령에 따라 화폐 형식 혹은 의무형식으로 변질되었다. 근대는 인간을 삶의 리듬에서부터 분리해 시간을 균질된 하나의 '형식'으로 동일화해버린다.[24] 신이 사라진 근대 사회에서 인간은 신과의 연속성을 잃은 대신 과학기술문명의 합리주의를 선택했다. 하지만 종국에는 불가역적 시간의 생태계를 벗어날 수 없는 필멸의 존재라는 점이다. 비달 대위가 죽기 직전 자신의 회중시계를 메르세데스에게 건네주며 자신이 죽은 시간을 아들에게 전해달라고 부탁하는 것은 필멸과 싸우는 인간 존재의 숙명과 한계를 보여준다. 망각과 필멸이라는 존재로서, 무한에 대한 열정으로서 기억에 대한 집착, 그것은 신의 영역을 탐하는 욕망이라 할 수 있다. 하지만 인간은 어쩔 수 없는 필멸의 존재로서 시간의 한계를 벗어날 수 없다.

환상과 신화를 현실계에서 밀어내 버린 자는 비달 대위만이 아

---

23 위의 책, 203쪽. 아이젠슈타인 이후 몽타주 개념은 영화 예술적 의미를 형성하는 가장 보편적인 방법 중 하나가 되었다.

24 이진경, 『근대적 시·공간의 탄생』, 푸른숲, 2002, 70~72쪽 참조.

니다. 오필리아의 엄마 카르멘은 오필리아에게 "세상은 동화 속 요정 이야기와는 달라. 잔인한 곳이야. 가슴 아프겠지만 너도 알게 될 거야"라고 질책하고[씬81] 오필리아를 보모처럼 따뜻하게 대해주는 메르세데스는 오필리아에게 "어렸을 적에는 요정을 믿었지. 이젠 안 믿지만" "우리 어머니는 판을 조심하라고 하셨단다"라고 말한다[씬23].

오필리아를 제외한 어른들은 모두 잔인한 이 현실계를 살아가는 인물들이며 환상을 믿지 않고 미친 허상이라 여길 뿐이다. 그러나 카르멘은 환상을 믿지 않은 대가로 죽게 되고[멘데르크 뿌리 에피소드] 비달 대위는 현실의 가부장적 관념 때문에 입을 찢기게 된다[메르세데스를 여자로 무시한 덕분에 그녀에게 당하는 에피소드].

〈판의 미로〉는 현실계에서 정부군과 반군의 서로 죽고 죽이는 세계와 환상계에서 자신의 근원을 찾으려는 소녀의 목숨을 건 전투를 병치로 보여준다. 서로가 서로에 대한 거울로서의 이미지로 나타난다. 대립적이면서 교묘하게 닮은 두 세계에서 감독은 결국 현실은 환상을 절대 이해할 수 없으며 현실은 환상을 이길 수 없다는 메시지를 전한다. 환상에 대한 믿음을 가진 자만이 현실 너머의 영원의 세계에 닿게 된다는 것을 알려준다. 카르멘도 비달 대위도 비명 속에 죽게 되고 반군인 메르세데스와 그의 남동생도 언젠가 정부군에게 죽게 될 것이다. 하지만 오필리아는 환상을 믿어 판이 부여한 임무를 수행한다. 성숙해가고 주체적 자기희생 끝에 영원한 세계에서 부활한다.

4. 역사적 기억과 판타지, 하이브리드 혼종의 다크판타지

역사를 영화 현실로 가져왔을 때 현실과 환상은 어떤 방식으로 영상화될 것인가, 하는 문제는 감독의 세계관 혹은 연출 기법에 따라 매우 다르게 구현된다. 이 글은 기괴한 상상력과 유희적이고 전복적인 태도로 B급 영화 혹은 B급 정서로 논의되어 온 동서양의 영화를 살펴보았다.

영화 〈지구를 지켜라〉는 개인 상처로서의 기억을 사후기억으로서 과대망상이며 착란과 도착의 결과라고 억압하는 근대 자본권력과, 그와 대결하기 위한 '환상'을 보여주고 있다. 환상과 현실의 대결, 그 전복적 역전은 우리가 살아가는 동시대 현실의 알레고리화라 할 수 있다.

이에 반해 영화 〈판의 미로〉는 환상을 현실에 개입하게 하고 현실과 병치시킨다. 이를 통해 환상이 현실과 닮은 이질동상의 잔혹한 세계로 이루어져 있다는 것을 거침없이 보여준다. 입사식으로서의 어둡고 축축한 통로, 지하동굴, 어두운 우물 등, 감독은 억압된 내면의 어둠과 공포를 숨기는 것이 아니라 내면의 강박관념, 억압된 욕망과 공포를 거리낌 없이 표현한다. 결국 어두운 백일몽, 괴물, 기괴한 공포를 통해 가닿고자 하는 것은 시간, 사랑, 구원, 해방이라는 '꿈'일 것이다.

역사물을 판타지라는 장르적 범주로 연출하고자 하였을 때 기법적 고민은 감독에게 그 세계관의 구현과 같다. 〈지구를 지켜라〉

에서 끝까지 현실로 믿었던 것이 환상이었고 환상으로 믿었던 것이 현실이라고 밝혀질 때 환상과 현실의 경계는 희미해진다. 알레고리 구조는 관객으로 하여금 동시대 발 딛고 서 있는 이성으로서의 현실에 대한 근원적인 질문을 던지게 한다. 〈판의 미로〉에서 현실과 환상의 교차편집에서 보여주는 병치기법은 잔혹한 역사적 현실 속에서 '환상'이라는 꿈의 영역을 믿어보는 그 구원의 여지를 던지고자 한다.

동서양의 판타지로 B급 정서를 보여주고 있는 두 영화는 흥미로운 지점을 시사한다. 즉 동서양의 지역적 대척점이란 점에서 대조를 보여주기보다 오히려 어떤 유사점을 가진다는 점이다. 기법적으로 다른 접근을 시도하고 있지만 두 영화에 깔린 세계관은 혼종 하이브리드로서의 세계관이라 할 수 있다. 이러한 유사한 상상력과 세계관은 두 영화가 만들어진 국가적 지역성과 역사적 특색과 관련이 있다.

한국은 근대사 백 년 사이 제국주의에 의한 식민 체험, 이념충돌에 의한 전쟁, 급격한 산업화에 따른 인권유린, 독재 정권에 대항하는 민주화 투쟁이라는 격동의 시간을 통과해왔다. 멕시코 또한 카리브해 주변 군도와 접해 있으면서 19세기에서 20세기 초엽으로 이어지는 제국주의 식민 체험, 북아메리카의 지속적 정치적 영향력이라는 역사지정학적 특징을 떠올려볼 수 있다.

남아메리카는 고유의 특수한 전통과 서구 카톨릭시즘의 결합으로 혼종으로서의 원시적 풍속성이 깃들어 있다. 이것은 라틴아메리카, 카리브해, 인도, 동유럽 등 서구 문화의 '주변부'로서, 서구 중심주의와 특유의 미묘한 거리를 유지하면서 만들어내는 새롭게 비틀기로서의 모방과 혼종이라 할 수 있다.

프레드릭 제임슨은 제3세계 문학텍스트에 대한 설명에서 제3세계 텍스트는 공적 영역과 사적 영역이 융합된다고 언급한 바 있다.[25] 즉 개인의 이야기에서도 집단적 역사 경험이 집중될 수 있다는 주장. 제임슨의 '국가적 알레고리'가 제3세계 문학을 제1세계 문학으로부터 차별화시키기 위한 개념이라며 그 일차적 혐의에서 벗어날 수 없다는 한계를 지적하는 의견[26]도 있다. 하지만 급격한 근대화 역사 속에서 식민체험을 겪은 국가로서의 한국, 멕시코라는 역사지정학적 공통점을 갖는다. 이와 같은 역사지적학적 특징은 기독교적 신화체계, 선과 악의 선명한 이분법, 비범한 영웅 신화라는 전형을 벗어나 하이브리드한 판타지를 만들어내는 근거가 된다. 〈지구를 지켜라〉는 한국의 무거운 정치적 무의식이 알레고리 구조의 서브 텍스트로 녹아 있다. 〈판의 미로〉는 역사 현실과 환상이 교차 편집하는 방식으로 현실과 환상을 병치시키고 있다. 이러한 영화형식의 차이를 보여주면서도 두 영화는 서구 근대주의와 거리를 두는, 즉 문화적 주변부로서 로컬 민족주의 역사체험이 담긴 판타지물이란 유사점을 지닌다.

---

25 테리 이글턴 외, 김준환 역, 『민족주의, 식민주의, 문학』, 인간사랑, 2011, 123쪽 참조.

26 왕은철, 「제3세계의 시각에서 본 9/11－알레고리 소설로서의 〈주저하는 근본주의〉」, 『영어영문학연구』, 제14권 제4호, 영어영문학회, 2015, 67쪽.

역사물을 안고 있는 장르로서의 판타지는 우리가 살고 있는 현실 세계에 초자연적인 환상을 첨가한다. 그렇게 함으로써 "현실공간과 세계를 확장시키고 역으로 현실을 드러낸다".[27] 그것은 현실 세계와 공존하는 환상이며 사회역사적으로 축적된 집단 무의식이며 억압된 사회적 욕망을 토대로 만들어진 환상이다. 이렇게 현실계에 대한 사고가 넓어지게 되었을 때 관객은 영화 속 세계를 통해 더욱 확장된 현실, 새로운 현실에 대한 경이로운 경험을 하게 될 것이다.

---

27 루이스 파킨스 자모라 · 웬디 B. 파리스 편, 우석균 역, 앞의 책, 129쪽.

참고문헌

제1장_서브 텍스트로서의 상징과 국가적 알레고리

김문주, 「영화 〈기생충〉에 나타난 냄새의 타자성」, 『인문사회』 21, Vol.11 No.2, 통권 39호, 아시아문화학술원, 2020.

김성훈, 「봉준호 영화에 나타난 알레고리 연구－영화 설국열차를 중심으로」, 『한국콘텐츠학회논문지』 16(10), 한국콘텐트학회, 2016.

남수영, 「제3세계 영화의 정체성과 가능성－프레드릭 제임슨의 "민족적 알레고리" 개념의 재고」, 『문학과영상』 9(2), 문학과영상학회, 2008.

당세미, 「봉준호 영화의 재현 전략 연구－아이러니와 알레고리를 중심으로」, 고려대 석사논문, 2018.

박재흥, 『한국의 세대문제』, 나남, 2005.

손성우, 「영화 〈기생충〉의 욕망의 자리와 환상의 윤리」, 『영화연구』 81, 한국영화학회, 2019.

성일권, 「중산층의 계급탈락 공포와 증오의 일상성, 그리고 상징폭력－영화 〈기생충〉에 나타난 부르디외의 구별짓기 개념들」, 『한국프랑스문화학회 학술발표 논문집』 No.2, 한국프랑스문화학회, 2019.

왕은철, 「제3세계의 시각에서 본 9/11－알레고리소설로서의 주저하는 근본주의자」, 『영어영문학연구』 Vol.41 No.4, 대한영어영문학회, 2015.

이경덕, 「이론/욕망과 서사－프레드릭 제임슨의 리얼리즘론」, 『문화과학』 3, 문화과학사, 1993.

이다운, 「영화 〈기생충〉연구－희비극으로 재현된 계급 공존의 불가능성」, 『어문연구』 Vol.101, 어문연구학회, 2019.

임홍배, 「괴테의 상징과 알레고리 개념에 대하여－총체성과 감각적 구체성의 변증법」, 『비교문학』 No.45, 한국비교문학회, 2008.

정하제, 「기생충적 삶의 지속, 혹은 전복」, 『공연과리뷰』 25(1), 현대미학사, 2019.7.

정현경, 「평등의 몰락에 대한 영화적 대응과 의미－영화〈설국열차〉와 〈기생충〉을 중심으로－」, 『비평문학』(75), 한국비평문학회, 2020.3.

조흡, 「조흡의 영화이야기－〈기생충〉과 국가적 알레고리」, 『대한토목학회지』 67(10), 대한토목학회, 2019.

한송희, 「가난 재현의 정치학」, 『언론과사회』 28권 1호, 언론과사회학회, 2020.

허만섭, 「문화자본론 관점에서 본 영화 〈기생충〉－현대적 아비투스 계급의 발견」,

『영상문화콘텐츠연구』 19, 동국대 영상문화콘텐츠연구원, 2020.
허은희, 「영화와 여성－여성 영화의 서브 텍스트 연구」, 『영상문화』 Vol.8, 부산영화평론가협회, 2006.
린다 카우길, 이문원 역, 『시나리오 구조의 비밀』, 시공아트, 2003.
로버트 스탬, 오세필 · 구종상 역, 『자기 반영의 영화와 문학』, 한나래, 1998.
프란체스코 카세티, 김길훈 외역, 「정치, 이데올로기, 교차」, 『현대 영화 이론』, 한국문화사, 2012.

제2장_〈아가씨〉의 구성과 스토리텔링 분석

김수경, 박찬욱 인터뷰, 「박찬욱, '아가씨 방울이 남성 시각? 남성 판타지?' 납득할 수 없다」, 『미주한국일보』, 2016.6.1.
김종태, 「박찬욱 감독의 〈올드보이〉에 나타난 스토리텔링 전략연구」, 『돈암어문학』 23, 돈암어문학회, 2010.12.
김현란, 「중세 유럽 사회의 여성에 대한 이중적 태도－혐오(misogyny)와 숭배(cult)－사회구조적, 제도적 요인을 중심으로」, 『서양중세사연구』 27, 한국중세서양사학회, 2011.
박인영, 「2000년대 한국 스릴러 영화의 모성 재현 연구」, 『영화연구』 55, 한국영화학회, 2013.3.
박찬욱, 『박찬욱의 오마주』, 마음산책, 2005.
송경원, 「영화시민의 자기순환적 유희－한국영화 속 폭력 재현과 장르 해체의 징후로서의 박찬욱」, 『씨네포럼』 12, 동국대 영상미디어센터, 2011.5.
신아영, 「복수의 플롯을 통해 본 박찬욱 영화의 영화미학 연구」, 『드라마연구』 34, 한국드라마학회, 2011.
윤문정, 「박찬욱 감독의 작가성 연구－장르이론과 작가주의 이론의 시각에서」, 서강대 석사논문, 2005.
윤장호, 「영화에서 권력관계에 대한 공간의 도상학연구－박찬욱 감독 영화를 중심으로」, 『영상기술연구』 22, 한국영상제작기술학회, 2015.
이병혁, 「문화연구에 있어서의 라깡의 정신분석학적 시각의 유용성－알뛰세르의 이데올로기론을 중심으로」, 『라깡과 현대정신분석』 1, 라깡과 현대정신분석학회, 2001.
이항우, 「후기구조주의의 주체성론에 대한 이론적 연구」, 서울대 사회학과 석사논문, 1995.
정재형, 「박찬욱 감독의 국제적 평가에 관한 연구」, 『한국영화연구』 53, 한국영화학회, 2012.9.
정현경, 「박찬욱 영화에 나타난 그로테스크 연구」, 『한국극예술연구』 38, 한국극예술학회, 2012. 12.
제러미 밴담, 신건수 역, 『파놉티콘』, 책세상, 2007.
존 오로, 김경욱 역, 『영화와 모더니티』, 민음사, 1999.
주디스 버틀러, 조현준 역, 『젠더 트러블』, 문학동네, 2009.
레이조스 에그리, 김선 역, 『희곡작법』, 청하, 1991.
미첼 콜빈, 문시연 역, 『희극 읽기』, 문음사, 1998.
필립 톰슨, 김영무 역, 『그로테스크』, 서울대 출판부, 1986.
로날드 B. 토비아스, 김석만 역, 『인간의 마음을 사로잡는 스무가지 플롯』, 풀빛, 1997.
루크 페레터, 심세광 역, 『루이 알튀세르의 이데올로기』, 앨피, 2014.
유리 로트만, 백현섭 역, 『영화기호학』, 민음사, 1994.

제3장_시간의 의미와 영화형식적 구현

강명석, 「제주도, 〈킨포크〉, 그리고 이효리라는 트렌드」, 『ize』, 2014.6.18.
김주원 · 윤갑근, 「미니멀리즘 건축공간에 나타난 동양적 사유 방식에 관한 연구」, 『한국실내디자인학회 논문집』 20, 한국실내디자인학회, 1999.
김홍중, 「서바이벌, 생존주의, 그리고 청년 세대－마음의 사회학의 관점에서」, 『한국사회학』 제49집1호, 2015.2.
박주현, 「소박함에의 열망－킨포크 문화를 중심으로」, 『문화와 사회』 제24권, 한국문화사회학회, 2017.
박지훈, 「〈리틀 포레스트－사계절〉 요리가 소환하는 기억과 사유」, 『씨네21』, 2018.3.28.
소래섭, 「백석 시와 음식의 아우라」, 『한국근대문학연구』 16, 한국근대문학회, 2007.
신영명, 「절구, 시조, 하이쿠의 미학적 비교」, 『우리문학연구』 35집, 우리문학회, 2012.
이경, 「근대소설과 음식의 기호학」, 『현상과 인식』 28권, 2004 봄 · 여름.
이진경, 『근대적 시 · 공간의 탄생』, 푸른숲, 2002.
______, 『근대적 시공간의 탄생』, 그린비, 2010.
이현지, 「노자 죽음관의 탈현대적 함의」, 『원불교사상과 종교문화』 44, 원광대 원불교사상연구원, 2010.
______, 「노자사상과 잘 사는 삶」, 『사화사상과 문화』 18권1호, 동양사회사상학회,

2015.
장영업, 「〈리틀 포레스트〉」 혜원의 자급가족 농촌라이프」, 『씨네21』, 2018.3.7.
킨포크매거진, 문수민 역, 「킨포크」 9호, 디자인이음, 2014.
__________, 김미란 역, 「킨포크」 12호, 디자인이음, 2014.
황위주, 「절구의 개념과 양식적 특징」, 『선비문화』 15, 남명학연구원, 2009.
후루이치 노리토시, 이언숙 역, 『절망의 나라의 행복한 젊은이들』, 민음사, 2015.
크리스 쉴링, 임인숙 역, 『몸의 사회학』, 나남, 1999.
G. 드보르, 이경숙 역, 『스펙타클의 사회』, 현실문화연구, 1996.
Lasch, Christopher. *The Minimal Self : Psychic Survival in Troubled Times*. New York : W. W. Norton.1984.
warmania 일본 통신실 블로그 참조(http://warmania99.egloos.com/4232352).

제4장_기억과 심리에 접근하는 영화형식

김경애, 「우리들의 일그러진 자화상－영화 〈한공주〉의 스토리텔링 연구」, 『한국영상』 13권, 한국영상학회, 2015.
김금동, 「Alfred Hitchcook 영화의 형식적 특징과 관객의 심리－영화 The Bird (1963) 분석을 중심으로」, 『영화연구』 20호, 한국영화학회, 2002.
김이석, 「기억의 재현, 알렝 레네의 밤과 안개를 중심으로」, 『문학과영상』 9(3), 문학과영상학회, 2008.12.
문재철, 「〈한공주〉－시선과 부끄러움 그리고 윤리」, 『현대영화연구』 20호, 현대영화연구학회, 2015.
박성수, 『들뢰즈와 영화』, 문화과학사, 1998.
_____, 『영화 이미지 이론』, 문화과학사, 1999.
박우성, 「재현 불가능성에 기댄 자기 반영성 영화의 윤리적 가능성과 한계－〈한공주〉의 재현 방식에 대한 일고찰」, 『드라마연구』 49, 한국드라마학회, 2015.
손종업, 「누가 공주를 죽였는가에 관한 잔혹한 물음」, 『문예비평』, 문예운동사, 2015.6.
심은진, 『밤과 안개에 나타난 기억과 재현의 문제』, 『문학과영상』 10(3), 문학과영상학회, 2009.12.
양영철, 「트래킹 숏의 창조적 사용」, 『영화연구』 27호, 한국영화학회, 2003, 12.
장민용, 「영화 재현에 있어 기억의 문제－아방가르드 영화를 중심으로」, 한양대 박사논문, 2008.
주은우, 『시각과 현대성』, 한나래, 2003.
앙리 베르그손, 박종원 역, 『물질과 기억』, 아카넷, 2005.

자끄 랑시에르, 주형일 역, 『미학 안의 불편함』, 인간사랑, 2008.
오카 마리, 김병구 역, 『기억 서사』, 소명출판, 2004.
Cathy Caruth, *Unclaimed Experience : Trauma Narrative, and History,* Baltimore : The Johns Hopkins University Press, 1996.

제5장_제의적 형식에서 나타난 금기 위반과 경계 해체

고갑희, 「에코 페미니즘 – 페미니즘의 생태학과 생태학적 페미니즘」, 『외국문학』 43, 열음사, 1995.5.
권김현영 외, 『남성성과 젠더』, 자음과 모음, 2011.
김영옥, 「'죽여주는 여자'가 필요합니까? 〈오지 않은 미래의 발견〉 노년 – 젠더, 계급, 연령의 정치학 사이」, 『일다』, 2016.12.26(http://www.ildaro.com/sub_read.html?uid=7712&section=sc7).
김지미, 「'아수라'장이 된 정권의 언'럭키'한 자백과 '죽여주는 여자'의 비극적 '춘몽'」, 『황해문화』, 새얼문화재단, 2016.12.
이종현 · 박차완, 「한국인의 문화유전자와 공동체의식의 복권 – 영화〈죽여주는 여자〉를 중심으로」, 『인문콘텐츠』 45, 인문콘텐츠학회, 2017.6.
장은미 · 한희정, 「존재하지만 존재 않는 타자들의 공간 – 영화 〈죽여주는 여자〉의 담론 공간을 중심으로」, 『한국언론정보학보』 85호, 한국언론정보학회, 2017.8.
전지니, 「소수자는 연대할 수 있는가? 2016년의 여성영화가 던진 질문 – 〈미씽〉과 〈죽여주는 여자〉에 대한 재고」, 『대중서사연구』 23(4), 대중서사학회, 2017.11.
전찬일, 「'K – 여성' 영화들에 대한 어떤 단상」, 『공연과 리뷰』 23(1), 2016.
정화열, 『몸의 정치』, 민음사, 1999.
조한혜정, 『성찰적 근대성과 페미니즘』, 또하나의문화, 1998,
조흡, 「조흡의 영화이야기 – 〈죽여주는 여자〉의 헐벗은 삶」, 『대한토목학회지』 제65권 제2호, 대한토목학회, 2017.2.
한국문학연구회, 『페미니즘은 휴머니즘이다』. 한길사, 2000.
아드리엔느 리치, 김인성 역, 『더 이상 어머니는 없다 – 모성의 신화에 대한 반성』, 평민사, 1995,
에드가 모랭, 김명숙 역, 『인간과 죽음』, 동문선, 2000,
엘리자베트 바뎅테, 최석 역, 『남성의 본질에 대하여』, 민맥, 1993,
일레인 김 · 최정무 편, 『위험한 여성, 젠더와 한국의 민족주의』, 삼인, 2001,

릴타 펠스키, 김영찬 · 심진경 역, 『근대성과 페미니즘』, 거름, 1998.,
조르쥬 바타이유, 조한경 역, 『에로티시즘』, 민음사, 1989.
카트린 클레망 · 줄리아 크리스테바, 임미경 역, 『여성과 성스러움』, 문학동네, 2002.
노베르트 엘리아스, 김수정 역, 『죽어가는 자의 고독』, 문학동네, 1998.
르네 지라느, 김진식 · 박무호 역, 『폭력과 성스러움』, 민음사, 1997.
수잔나 D. 월터스, 김현미 외역, 『이미지와 현실 사이의 여성들』, 또하나의문화, 1999.
베리 손온 · 매릴리 얄롬 편저, 권오주 외역, 『페미니즘의 시각에서 본 가족』, 한울아카데미, 1991.
시부사와 타츠히코, 문대찬 역, 『몸, 쾌락, 에로티시즘』, 바다출판사, 1999.

제6장_웹툰의 영화화 과정에서 나타난 매체 전환 변이점

강풀, 웹툰 〈이웃사람〉, 재미주의, 2012.
강현구, 「강풀 장편만화 스토리텔링의 경쟁력」, 『인문콘텐츠』 10, 인문콘텐츠학회, 2007.12.
구나영, 「원작의 영화화사례 및 성공요인에 관한 연구－만화, 소설이 원작인 한국영화를 중심으로」, 단국대 석사논문, 2013.
김대권 · 박경철, 「토비아스의 메인 플롯 구성 방법을 통한 강풀의 웹툰 분석－구출과 수수께끼 플롯을 중심으로」, 『만화애니메이션연구』통권 40호, 2015.9.
김민기, 「웹툰 배경의 효율적 표현에 관한 분석－웹툰 작품을 중심으로」, 순천대 석사논문, 2013.
김지연, 「영화화된 웹툰의 서사적 특성－미디어에 대한 서사구조적 차이를 중심으로」, 부경대 석사논문, 2015.
김은주 · 김건, 「웹툰의 영화화에 대한 텍스트 변용에 관한 연구－〈은밀하게 위대하게〉의 시각적 구성요소 분석을 중심으로」, 『디자인융복합연구』 제14권 1, 디자인융복합학회, 2015.
김형석, 「이야기꾼과 이야기꾼 〈이웃사람〉김휘감독&강풀작가」, 『네이버 영화 스페셜 무비 에디션』, 2012.8.28(http://movie.naver.com/movie/magazine/magazine.nhn?nid=1494).
이문행, 「국내 미디어 콘텐츠의 장르 간 스토리 이동에 관한 연구」, 『방송과 커뮤니케이션』 제15권 1호, 2014.3.
장상용, 「만화 원작의 스토리텔링 과정에서 나타나는 발화점 연구」, 한국외대 박사논문, 2015.2.

정연식, 「시나리오에서 웹툰과 영화로의 전환에 따른 스토리텔링의 변화」, 상명대 석사논문, 2014.
조지영, 「싱크로율200% '이웃사람', 어떻게 만들어졌을까?」, 『TV리포트』, 2012.8.3 (http://www.tvreport.co.kr/?c=new&m=newsview&idx=249931).
최유남, 「웹툰 연출의 영화적 기법 연구」, 부산대 석사논문, 2012.
최유남, 「웹툰에 나타난 연출의 특징-강풀르 강도하, 양영순을 중심으로」, 『한국만화애니메이션 학회 하반기 종합 학술대회 학회지』, 한국만화애니메이션학회, 2011.12.
한아름, 「만화의 관점에서 본 게임툰의 특징」, 상명대 석사논문, 2011.
한창원 · 홍난지, 「웹툰의 영화화를 위한 스토리텔링 연구-웹툰〈이끼〉의 스토리텔링을 중심으로〉, 『한국콘텐츠학회논문지』 11(2), 한국콘텐츠학회, 2011.2.
홍난지, 「웹툰 연출의 미학적 표현에 관한 연구」, 『한국애니메이션 학술대회학회지』, 한국애니메이션학회, 2011.5.
홍재범, 「만화의 시나리오 전환 과정 고찰(1)-〈올드보이〉의 경우」, 『한국현대문학연구』 통권 제 23권, 한국현대문학회, 2007.
루돌프 아르하임, 김춘일 역, 『미술과 시지각』, 홍익신서, 1981.

제7장_판타지와 역사를 결합하는 두 가지 영화기법

김병정, 「시각화전략을 통한 〈지구를 지켜라〉의 다성적 내러티브 구축」, 『한국콘텐츠학회논문지』 Vol.9 No.10, 한국콘텐츠학회, 2009.
김부자, 「판타지와 작가주의-기예르모 델 토로의 영화를 중심으로」, 『지중해지역연구』 제17권 제3호, 부산외대 지중해연구소, 2015.8.
김지훈, 「판타지와 대항-기억으로서의 브리콜라주-영화 「지구를 지켜라」의 양가적 상상력」, 『문학과사회』 16권 3호, 문학과지성사, 2003.
김효은, 「판의 미로-오필리아와 세 개의 열쇠에 나타난 환상과 현실의 교호 양상 연구」, 『동화와번역』 제36집, 건국대 동화와번역연구소, 2018.
박정원, 「〈셰이프 오브 워터-사랑의 모양〉의 아마존 비인간 주체와 세계의 재마법화」, 『비교문화연구』 제 62집, 경희대 비교문화연구소, 2021.3.
박종천, 「현대 영화에 나타난 신비주의적 상상력-〈라이프 오브 파이〉와 〈셰이프 오브 워터〉를 중심으로」, 『종교문화연구』 No.31, 한신대 종교와문화연구소, 2018.12.
박진 · 김행숙, 『문학의 새로운 이해』, 민음사, 2013.
박철웅, 「길예르모 델 토로 연구-작품들의 공통된 특징과 시기별 발전을 중심으로」, 『한국콘텐츠학과 논문지』 제 7권 제6호, 2007.
박희영, 「테세우스 영웅 신화에 대한 분석」, 『현대유럽철학연구』 15, 현대유럽철학연구학회, 2007.
오현화, 「'환상'기법을 통한 역사—기억의 영화적 재현 양상」, 『한국극예술연구』 55, 한국예술학회, 2019.12.
오형엽, 『알레고리와 숭고』, 문학과지성사, 2021.
이진경, 『근대적 시 · 공간의 탄생』, 푸른숲, 1997.
이청, 「경계와 금기에 대한 폭력적 대응—장준환론」, 『현대영화연구』 No.3, 한양대 현대영화연구소, 2015.
임영, 「〈판의 미로〉에 나타난 실제와 판타지의 비경계성 미학에 관하여」, 『Journal of International Culture』 Vol.10 No.2, 조선대 국제문화연구원, 2017.
정동섭, 「셰이프 오브 워터(2017)에 나타난 비동시성과 동시성」, 『스페인라틴아메리카연구』 Vol.11 No.2, 고려대 스페인 · 라틴아메리카연구소, 2018.
천윤정 · 조혜정, 「기예르모 델 토로 영화의 신화적 모티프 연구」, 『인문사회21』 Vol.9 No.4, 아시아문화학술원, 2018.
캐스린 흄, 한창엽 역, 『환상과 미메시스』, 푸른나무, 2000.
루이스 파킨스 자모라 · 웬디 B. 파리스 편저, 우석균 역, 『마술적 사실주의』, 한국문화사, 2001.
로즈메리 잭슨, 서강여성문학연구회 역, 『환상성—전복의 문학』, 문학동네, 2001.
유리 띠냐노프 외, 오종우 역, 『영화의 형식과 기호』, 열린책들, 1995,
테리 이글턴 외, 김준환 역, 『민족주의, 식민주의, 문학』, 인간사랑, 2011.